위풍당당
청춘 멘토링

Original edition copyright 2004 by Open University Press UK Limited. All rights reserved.
《대학 시험의 기술》 First edition copyright 2014 by Sodong Publishing Co. All rights reserved.
Korean trasnslation edition published by arrangement with Open University Press through PubHub Literary Agency.

이 책의 한국어판 저작권은 PubHub에이전시를 통한 저작권자와의 독점 계약으로 도서출판 소동에 있습니다. 저작권법에 의해 한국 내에서 보호를 받는 저작물이므로 무단 전재와 무단 복제를 금합니다.

대학 시험의 기술
A+ 교수님이 원하는 시험 답안 작성 전략

지은이 | 피터 레빈 지음
옮긴이 | 이준희

초판 펴낸날 | 2014년 4월 5일
펴낸이 | 김남기
교정 | 김유준
표지디자인 | 박대성
사진 | 후면 표기

펴낸곳 | 소동
등록 | 2002년 1월 14일(제19-0170)
주소 | 경기도 파주시 소라지로177번길 12
전화 | 031·955·6202   070·7796·6202
팩스 | 031·955·6206
홈페이지 | http://www.sodongbook.com
전자우편 | sodongbook@naver.com

ISBN 978 89 94750 13 2 (14190)
      978 89 94750 05 7 (세트)

* 잘못된 책은 바꾸어드립니다.

STUDENT FRIENDLY GUIDES

SAIL THROUGH EXAMS

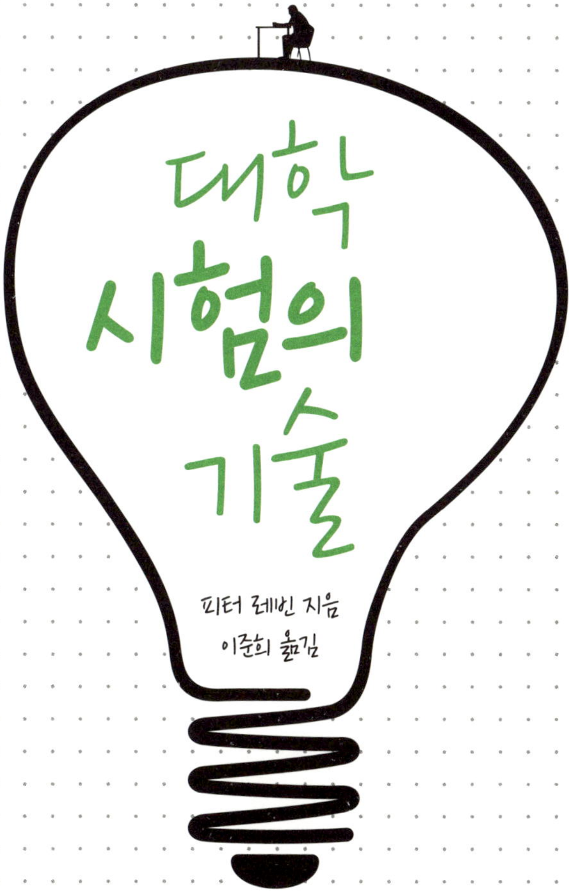

대학 시험의 기술

피터 레빈 지음

이준희 옮김

소동

차례

INTRO 대학에서 '시험'이란 무엇인가   6
옮긴이의 글 종합적이고 실용적인 '대학' 시험 매뉴얼   12

들어가기 : 대학 시험 정복을 위한 준비
대학 시험에 대비하는 일곱 가지 질문   20
대학 시험 이해하기   27

01 기출 문제 활용하기
기출 문제를 보면 시험 문제가 보인다   36
기출 문제에서 확인할 것들   39
시험 문제는 불친절하다   45
두근두근 퀴즈 : 이번 시험에는 어떤 문제가 나올까?   52

02 예상 답안 만들기
시험 문제의 뜻을 파악하자!   58
답안 작성의 방법론   66
다양한 자료들, 어떻게 활용할까?   78
답안 작성 계획 세우기   82
또 다른 접근법 : '질문 종합선물세트'   88
좋은 서론이 좋은 답안을 만든다   92
'주장'과 '추론' 무엇이 다를까?   97
답안 작성에 관한 몇 가지 도움말   100
교수님께 질문을   106

03 시험 며칠 전
효과적인 복습 전략   112
효율적인 암기 방법   120
시간을 최대한으로 활용하는 법   132
시험에 대처하는 우리의 자세   142

04 시험 당일
일찍 일어나는 새가 점수를 잡는다   162

 대학에서 '시험'이란 무엇인가

대학이라는 세계, 이른바 '학계'는 여러분과 나를 포함하여 다른 사람들이 살고 있는 바깥세상과는 다른 법칙으로 움직이는 독특한 곳이다. 대학 세계는 기술記述, description과 이론, 설명, 개념과 비평 등 물리적 실체가 없는 '관념적 구성물'들로 이루어져 있다. 대학에서의 공부란 이런 것들을 말과 글로 체득하여 사용하는 능력을 갖추는 과정이다. 따라서 대학 공부의 수단은 강의와 책읽기에 국한되지 않는다. 인터넷 검색이나 토론, 교수님과의 상담 등 훨씬 다양한 방법을 동원해야 한다. 바깥세상에서 몸으로 부딪치고 경험하면서 배우는 것과 달리 대학에서는 다른 사람의 경험을 말과 글로 전해 듣는 간접 학습으로 배우게 된다. 이 간접 학습에는 고유의 방법이 있기 때문에 별도로 훈련을 거쳐야 하는데, 유감스럽게도 대학 내에서 그런 도움을 받기는 의외로 쉽지 않다. 《대학 시험의 기술》은 바로 그런 도움을 제공하기 위해 만들어졌다.

대학이 바깥세상과 다른 점은 단지 공부 방법에 그치지 않는다. 공부 내용을 평가하는 방법 또한 다르다. 그 평가의 많은 부분을 차지하는 것이 바로 시험이다.

물론 학생들을 평가하는 수단과 방법은 여러 가지다. 그러나 대학에서 가장 널리 사용되는 것은 전통적인 '고사식 시험'이다. 고사식 시험이란 학생들 지정된 시험장(일반적으로는 학생들이 배우던 바로 그 교실)의 지정 좌석에 앉아 미리 만들어진 문제로 평가받는 방식이다. 대학에서 가끔 이뤄지는 '오픈 북open-book 시험'과 달리 고사식 시험에서는 수험생이 어떤 시험 관련 자료도 휴대할 수 없으며 어떤 문제가 출제될지 미리 알 수도 없다. 대학에서는 두세 시간 정도의 시험시간 안에 문제를 모두 푸는 능력도 평가 요소이기 때문에 감독자는 시작과 종료 시간을 엄격하게 통제한다. 따라서 종료 신호가 떨어지면 응시생들은 답안지를 제출하고 시험장을 나가야 한다. 시험을 치른 뒤 일주일 정도가 지나면 성적이 발표된다. 기말시험의 경우 따로 발표되지 않을 수도 있다. 일반적으로 종강과 함께 다른 성적(예를 들면 중간시험 성적과 과제 성적, 출석률 등)과 합산하여 그 학기의 학점으로 발표된다.

'전통적'이라는 수식이 붙은 것들이 항상 그렇듯, 전통적인 고사식 시험 또한 예측 가능한 고유의 성향에 따라 움직이는 경우가 많다. 예를 들어, 에세이를 많이 쓰는 과목의 시험 문제는 질문 형태가 아닌 경우가 많다. 수험자들에게는 어떤 정보를 물어보는 물음표(?)로 끝나는 '질문' 대신에 "~를 분석하시오" "~를 비교/대조하시오"와 같은 '지시'가 주어진다. 때로는 그냥 "~에 대해 논의하시오"처럼 막연한 문제가 나오기도 한다. '논의'가 다른 사람과의 대화라고 생각하는가? 여기선 아니다! 시험 문제에서 논의란 혼자서 의견을 펼쳐나가는 방법이다. 시험 문제가 "다음 중 ~은 무엇인가?"와 같은 '질문' 형태라는 고정관념을 가진 사람이라면 이런 형태의 문제를 접했을 때 혼란스러움을 느낄 것이다.

대학 과목들은 대부분 내용이 크게 변하지 않는다. 그러나 시험은 예외다. 이전 학기의 시험 문제가 다음 학기에도 그대로 출제된다면 누구나 기출 문제만 입수하면 어떤 문제가 나올지 훤히 알고 예상 답안을 만들 수 있기 때문이다(이것은 어디까지나 이상적인 이야기이고, 어떤 교수님들은 지난 학기와 심지어 토씨까지 똑같은 문제를 출제하기도 한다. 다만 이런 행운을 여러분의 시험 대비 계획에서 기대하지는 말자- 역자 주). 학기마다 출제자인 교수님들은 새로운 문제를 만들어 낸다. 어떤 경우 예전에 출제된 문제의 형태만 바꾸기도 하지만(이를테면 "~인가?"와 같은 질문을 "~에 대해 서술하시오"와 같은 지시 형태로 바꾸는) 그보다는 새로운 용어와 표현을 등장시키는 방법이 더 널리 쓰인다(교수님들이 형태만 다르고 뜻은 같은 동의어를 얼마나 많이 사용하는지 눈여겨보자. 교수님들이 몸담은 학계에서는 똑같은 말을 반복하기를 되도록 피하려는 경향이 있다. 따라서 교수님들은 예전 출제 문제를 변형시킬 때

동의어로 대체하는 방법을 많이 사용한다).

시험 문제의 언어와 관련해서, 대학의 각 학과들은 저마다 고유의 '학술어'를 사용한다. '대학 언어'라고 할 수 있는 이 학술어는 우리가 실생활에서 사용하는 일상 언어와는 전혀 별개의 언어다. 따라서 시험을 치르는 학생들은 시험 문제를 '해석'하거나 심지어 '번역'하는 기술을 터득해야 한다. 그러나 다시 한 번 유감스럽게도 그런 기술까지 친절하게 가르쳐주시는 교수님은 거의 만나보기 힘들다.

시험 전에 교수님이 전달하는 주의사항은 여러 가지 의미를 한꺼번에 갖는 경우가 많다(이것은 시험에만 해당되는 이야기가 아니다! 에세이나 논문 제출 때도 마찬가지다). 예를 들어 도중에 책을 포함하여 어떤 자료도 볼 수 없다는 규정 때문에 시험이 일종의 기억력 테스트처럼 느껴질지도 모른다. 하지만 교수님들은 대부분 "시험은 기억력 테스트가 아닙니다. 따라서 내가 강의한 내용을 그대로 답안지에 옮겨놓은 것만으로는 좋은 점수를 받을 수 없을 것입니다"라고 말할 것이다. 평가 기준이 이렇다면 도대체 어떤 내용을 답안지에 적어야 할까?

드디어 시험 시간이 되었다. 대부분의 경우 교수님 자신이 감독관으로 시험장에 들어온다. 이때 교수님들은 일종의 딜레마에 빠져 있다. 한편으로는 학생들이 시험을 잘 보기를 바라지만(가르치는 사람으로서의 사명감 때문일 수도 있고, 현실적으로 자신이 얼마나 잘 가르쳤는지가 학생들이 내놓는 답안의 질에 반영되기 때문일 수도 있다) 다른 한편으로는 시험의 학점 변별력을 유지해야 한다. 특히 학생들이 학점에 민감한 요즘, 변별력 없는 '점수 퍼주기'식 시험은 자칫 대학 내외에서 큰 문제가 될 수 있기 때문에 교수님들은 더욱 긴장한다. 따라서 어떤 교수님은 감독관으로서 친절하고 조언을 아끼지 않지만 다른 교수님은 학생들을 잠재적인 부정행위 혐의자처럼 까다롭게 다루기도 한다. 이 모든 사실을 종합해 보면 대학 시험은 시험지를 지배하는 법칙이 무엇인지 찾아내야 하는 피곤한 한판 승부라고 말할 수 있다. 그 법칙이란 출제자인 교수님이 무엇을 원하는지, 어떤 접근법과 스타일이 점수를 따거나 잃는지 알아맞히는 것을 말한다.

'위풍당당 청춘 멘토링' 시리즈의 다른 책과 마찬가지로, 이 책의 목적은 대학에서 일어나는 여러 가지 상황에 스스로 대처하는 능력을 키우는 것이다. 대학에 어떤 체계가 존재하는지, 대학에서 어떤 일이 일어나는지 '읽어내는' 한편, 시험 문제를 해석하고 답안을 구성하는 방법, 그리고 시험에 언제나 따르게 마련인 스트레스를 잘 관리하고 여러분의 선택한 길에서 자신감을 찾는 방법을 담았다. 따라서 시험에 대해 학생들 대부분이 갖고 있는 불안감을 해소하고 학생들이 제기하는 질문에 답변을 제시하는 한편, 시험에 대비해 실제로 어떤 행동을 취할지 단계별로 구체적으로 밝히려 했다. 또 학술어로 이루어진 세계를 설명할 때는 딱딱한 전문용어보다는 알기 쉬운 말로 쓰려고 했다.

  이 책을 읽는 분들 중에는 인문계열 출신도 있을 것이고 이공계열 출신도 있을 것이다. 재수를 거듭해서 동기들보다 나이가 많을 수도 있고 어쩌면 유학을 준비하고 있을 수도 있다. 어떤 학생이건 각자의 전공을 성공적으로 마치고 학문을 추구하는 과정에서 즐거움을 얻기를 바란다. 분명 힘들 때도 있지만 대학이라는 곳은 지성의 향기가 넘치는 멋진 곳이기도 하다. 자, 이제 대학 세상에 첫발을 내디딜 준비를 하자!

옮긴이의 글 ― 종합적이고 실용적인 '대학' 시험 매뉴얼

시험 보기를 좋아할 사람이 과연 몇 명이나 있을까? 무거운 눈꺼풀을 억지로 들어 올리며 밤늦게까지 빽빽한 활자를 읽고 또 읽는 시험 준비는 힘겹기 그지없다. 시험지 넘기는 소리만 들리는 시험시간은 가슴을 옥죄는 긴장의 연속이다. 아무리 시험을 많이 치렀다고 해도 그 무거운 부담과 분위기를 좋아하기는 쉽지 않을 것이다. 그러나 분명한 것은 그럼에도 '시험을 잘 보는 사람'은 무시할 수 없는 숫자만큼 존재한다는 사실이다. 과연 그 비결은 무엇일까?

이 책을 번역하면서 대학생활 첫 학기 교양수업 시험 때의 기억이 떠올랐다. 노트 필기와 교재, 참고서적을 빈틈없이 읽고 암기했다고 자신했지만 막상 시험문제를 받아들고는 당황할 수밖에 없었다. 외운 내용을 기계적으로 나열하는 '암기력 테스트'가 아니었기 때문이다. 시험문제는 내용들 간의 논리적 관계를 밝히고 주제에 대한 수험자 고유의 의견을 제시하라고 요구했다. 당연히, 단순 암기한 지식의 파편들만 나열한 역자의 답변은 좋은 점수를 받지 못했다.

대학 시험은 지식을 얼마나 습득했는가가 아니라, 습득한 지식으로 '세상에 대한 시각'을 어떻게 형성했는지, 그것을 얼마나 논리적으로 풀어낼 수 있는지 평가한다. 따라서 대학에서의 시험 점수는 준비에 투자한 시간과 노력에 반드시 비례하지는 않는다. 대학 시험에서 좋은 결과를 얻으려면 한정된 시간을 효율적으로 활용하여 습득한 지식을 자신의 것으로 소화하는 '전략'이 필요하다.

물론 역자도 대학에서 보낸 시간이 늘어남에 따라 시험에 대비하는 전략을 나름대로 세울 수 있었다. 그러나 대학 새내기 시절에 이 책과 같은 '시험' 가이드가 있었더라면 좀 더 빨리 시험에 대한 부담을 떨쳐버리고 더욱 자신 있고 보람차게 대학생활을 보냈으리라는 아쉬움이 남는다.

요즘에는 논술이 평가방법으로 보편화되어 있어 '논리적인 글쓰기 방법'을 접할 기회가 많아졌다. 그러나 기승전결로 정형화된 '글쓰기 공식 소개'에 그치지 않고, 참고문헌 활용법에서부터 시험문제 유형 분석, 그에 따른 답변 구성 전략, 시험기간의 자기관리법에 이르기까지 시험 대비 전략을 종합적으로 소개하는 이른바 '대학 시험 매뉴얼'은 많지 않다. 이 책은 그처럼 종합적이면서도 실용적인 매뉴얼을 목표로 만들어졌다. 이 책 《대학 시험의 기술》을 개인적으로 좋아하는 가장 큰 이유이다.

책의 서두에서는 대학 세상과 대학에서의 학습법에 대해 소개하고 있다. 대학이 바깥세상과 어떻게 다른지, 대학 시험에서 어떤 법칙과 언어가 통용되는지, 대학에서의 학습과 독서 방법이 여러분이 대학 이전까지 사용했던 방법과 어떻게 다른지 살펴볼 수 있다.

제1부에서는 기출문제의 출제 경향을 도출해 시험문제를 예측하는 방법을 다루고 있다. 기출문제를 유형별로 나누고 그에 맞춰 답변 작성 방향을 설정하는 과정을 살펴보게 된다.

제2부에서는 출제자의 의도를 파악하는 방법, 여러 가지 유형의 시험문제와 그에 따른 답안 작성법, 시험 대비 자료 활용법, 답안을 짜임새 있게 만드는 요령, 답안 작성할 때 유의할 사항 등 시험 전략의 '몸통'이라고 할 수 있는 답안 작성법을 두루 다룬다.

제3부에서는 시험 준비 기간을 어떻게 보내야 하는지 다루고 있다. 한정된 시간 동안 수업 내용을 효과적으로 복습하는 방법, 꼭 필요한 내용을 효율적으로 암기하는 방법, 시간을 최대한으로 활용하는 법, 시험을 앞두고 긴장을 완화하여 마음을 평온하고 안정적으로 다스리는 방법 등을 다룬다.

제4부에서는 시험 당일의 전략을 소개한다. 시험 준비물과 문제지와 답안지의 사용 요령, 시험 시간에 유용한 전략, 긴장에 대처하는 방법 등 시험 준비와는 관계없지만 차질 없이 시험을 치르는 데 중요한 부분들 또한 빠뜨리지 말고 살펴보자.

이 책에서 소개하는 시험 대비 전략이 별스럽게 느껴질지 모른다. 때로 "이렇게까지 해야 하나?" 하는 생각이 들 수도 있다. 그러나 역자는 이 남다른 방법이야말로 시험 준비의 올바른 왕도이며, 그것이 몸에 배면 밸수록 대학생활을 더 잘할 수 있을 것이라고 믿는다. 이 책에서 제시하는 방법을 충실히 따른다면 대학에서 적은 노력으로도 효과적으로 공부할 수 있을 것이다. 그리고 그 과정에서 얻은 지식과 성과는 석·박사, 유학 등 심화 학업과정이나 직장생활에 큰 자산이 될 것이다.

여러분보다 먼저 대학에 몸담았고 여전히 배움의 길에 있는 선배로서, '책으로 하는 멘토링'이라고 할 수 있는 이 《대학 시험의 기술》을 번역하게 된 것을 기쁘게 생각한다. 지금 대학을 다니는 후배들에게 도움을 줄 수 있는 소중한 기회라고 생각하기 때문이다. 그 효과를 극대화시키기 위해 원저의 내용을 우리나라의 실정에 맞게 의역하거나, 원저에는 없으나 우리나라 대학 실정에 맞는 내용을 '역자 주'의 형태로 보탠 곳도 있다. 여러분이 이 책을 통해 대학에서의 학습에 좀 더 쉽게 다가가길 바란다. 그로써 대학이라는 공간에 가득한 지성의 향기를 느끼고 '큰 배움(大學)'을 성취하여 우리의 삶과 세상을 더욱 풍요롭게 만들어 나가기를 바란다.

마치며, 언제나 아낌없는 응원과 힘을 주시는 부모님, 사랑하는 예비신부 은진이, 그리고 이 책을 번역하고 다듬어 세상에 내보내는 데 많은 도움을 주신 소동출판사에 감사드린다.

"최선을 다하고 많은 것을 배웠다면
그것으로 값지다"

들어가기

대학 시험 정복을 위한 준비

대학 시험에 대비하는
일곱 가지 질문

여러분이 대학에서 치르게 될 시험은 대부분 고사식 시험이다. 고사식 시험이란 2~3시간 정도의 정해진 시간 안에 미리 공표되지 않은 내용과 형식으로 출제된 시험 문제의 답을 다른 책이나 자료를 참고하지 않고 작성하는 시험을 말한다. 이 책은 주로 이 고사식 시험, 그 중에서도 선다형 문제나 단답형 문제가 아니라 서술형 답안을 작성해야 하는 시험에 대비하는 방법을 다루었다.

다음은 시험과 관련해 학생들이 자주 하는 질문들이다. 이제부터 이 질문들의 답을 찾아나가면서 시험에 대한 궁금증을 해소하고 여러분의 어려움을 해결해 나갈 것이다.

- 지난해 기출 문제를 구해서 살펴보았는데 오히려 혼란스럽다. 도대체 시험 출제자의 의도가 무엇일까?

- 대학에 와서 서술형 시험을 처음 치르게 되었다. 서술형 시험은 어떻게 준비해야 할까?
- 서술형 시험에서 "~에 대해 논의하라"라는 문제가 나왔다. 누구와 어떻게 '논의' 해야 할까?
- 에세이나 리포트를 작성하는 과목 성적은 좋은데 시험을 보는 과목은 유달리 학점을 잘 받기가 힘들다. 왜 그럴까?
- 시험 준비에 필요할 것이라며 교수님이 추천한 책이 너무 많다. 이 책들을 다 읽어야 할까? 어떤 책을 먼저 읽어야 할까?
- 강의시간에 필기를 많이 하는 편이다. 그런데 시험을 준비하면서 읽으려니 필기 내용이 너무 많다. 필기 분량을 줄여야 할까?
- 다른 응시생들이 나보다 시험 준비가 훨씬 더 잘되어 있고 공부 시간도 많다는 느낌을 자주 받는다. 반면 나는 학습의욕이 자꾸 떨어지고 공부도 잘 안 된다. 어떻게 하면 학습의욕을 높일 수 있을까?

자, 본격적으로 시험 준비 방법을 다루기 전에 여러분이 이 책을 읽을 때 염두에 둬야 할 몇 가지 사실을 밝히려 한다.

첫째, 원칙적으로 시험 출제자는 시험을 치르는 사람들에게 평가 기준을 명시해야 한다. 예를 들어 답안을 어떻게 작성하면 A 또는 B, C학점을 받게 되는지 응시생들에게 미리 알려야 한다. 그러나 유감스럽게도 이런 기준을 시험 전에 미리 공지하는 교수님은 많지 않다. 설령 기준을 명시한다고 해도 그 기준은 교수님과 학과에 따라 다르다. 따라서 전국 모든 대학과 학과, 교수님들의 기준을 다루기는 현실적으로 불가능하다. 이 책의 방향은 독자 여러분이 스스로 평가 기준을 파악하고 학습 전략을 세우도록 돕는 것이지, 대학 배치표마냥 관련된 모든 정보를 백과사전식으로 나열하는 것이 아니다. 더욱이 어떤 경우에나 공평무사하게 적용되는 원칙이란 존재하지 않는다. 그러므로 여러분 학교의 분위기와 교수님의 성향, 시험 문제 뒤에 숨겨진 출제자의 의도를 파악하는 능력을 갖추는 데 목표를 두자.

둘째, 능력과 적성, 학습 전략과 공부법은 사람마다 다르다. 따라서 이 짧은 책에서 그 모든 경우를 일일이 고려할 수는 없다. 물론 이 책에 소개된 시험 전략들은 오랜 기간에 걸쳐 많은 사람들이 사용해 성공했다는 점에서 어느 정도 검증되었다고 할 수 있다. 하지만 그런 전략조차 누구에게나 적합한 것은 아니다. 게다가 여러분이 지금까지 활용해 온 독자적인 공부 방법이나 스타일이 있을 수도 있으므로 무조건 이 책의 전략에 맞추라는 것은 무리한 요구일 것이다.

그러므로 이 책에서 제시하는 방법들은 절대적으로 따라야 할 지침이라기보다는 한 번쯤 시도해 볼 만한 가능성으로 생각하기 바란다. 성공으로 이르는 길은 외길이 아니다. 여러 방법 중 어느 것이 자신에게 어울리는지 끊임없이 생각해보자.

셋째, 대학 공부는 단지 지식을 습득하는 과정이 아니라는 사실을 알아야 한다. 대학 공부를 두꺼운 책 속의 지식을 머리에 집어넣는 행위로만 생각하기 쉽다. 하지만 그보다 중요한 것은 여러분

쓰기를 시작하기 전에 이미 생각을 충분히
체계화하고(개요를 짜고) 쓸 내용을 정리해 놓았다면
'생각한 뒤 쓰기'만큼 빠르고 효율적인 방법도 없다.

보다 앞서 전공과목을 공부하거나 가르치는 사람들이 어떻게 생각하는지 그 '사고방식'을 익히는 것이다.

예를 들어 법대에서 법을 전공한다고 가정해보자. 물론 여러분이 공부하는 내용은 법전에 가득한 법조문이다. 하지만 법대생에게는 법조문을 달달 외우는 것보다 그 법을 해석하고 활용하는 '법조인의 사고방식'을 익히는 것이 더 중요하다. 이것은 경제학·지리학·인류학·교육학 등등 다른 전공에서도 마찬가지다. 전공에 몸담고 있는 사람들이 세상을 어떻게 바라보는지, 연구 대상을 어떻게 다루는지, 어떤 '마인드'를 갖고 있는지, 결론에 도달하기까지 어떤 추론 과정을 즐겨 사용하는지…… 이 모든 것이 전공자의 사고방식에 속한다.

언뜻 시험을 치르는 학생에게는 너무 먼 이야기처럼 들릴지도 모른다. 하지만 이 사고방식이야말로 바로 학점을 판가름하는 요소다. 해당 교과목 전공자들이 익혀야 할 사고방식을 자기 것으로 만들어 자유자재로 활용하면 당연히 좋은 학점을 받을 것이다. 반면 단순하고 비전문적인 사고방식으로밖에 주장을 펼치지 못하면 그보다 낮은 학점밖에 받지 못할 것이다. 따라서 이 책에서는 출제자이자 채점자가 될 교수님들의 사고방식을 이해하고 시험에 적용시키는 방법을 담았다. 그러기 위해서는 (1)시험 문제 고유의 언어와 문장을 이해하고 (2)시험 답안을 작성하는 방법론을 익히며 (3)제한된 시간 안에 가장 효율적으로 시험에 대비하는 체계적인 자기관리방법을 사용해야 한다. 대비할 영역이 너무 많고 어렵게 느껴질지도 모르지만 걱정 말자. 차근차근 따라하다 보면 분명 좋은 결과를 얻을 수 있다.

넷째, 글쓰기 방법도 여러 가지가 있다. 그 중에서 가장 대표적인 두 가지는 '쓰면서 생각하기'와 '생각한 뒤 쓰기'다.

'쓰면서 생각하기'는 마치 퍼즐 맞추기와 같다. 즉 글 전체에 대한 생각이 아직 완성되지 않은 상태에서 일단 쓰기 시작한 뒤 각 부분을 그때그때 보충해 나가는 것이다. 하지만 이렇게 쓰면서 생각하려면 수차례 개요를 다시 짜고 글을 완성시킨 뒤에도 여러 번 보완해야 하기 때문에 시간이 많이 걸린다.

이와는 대조적인 글쓰기 방법이 바로 '생각한 뒤 쓰기'다. 글쓰기를 시작하기 전에 이미 생각을 충분히 체계화하고(개요를 짜고) 쓸 내용을 정리해 놓았다면 '생각한 뒤 쓰기'만큼 빠르고 효율적인 방법도 없다. 이미 완성된 각 부분들을 종이 위에서 '조립'만 하면 되니까.

자, 시험에 사용하기 적절한 방법은 어느 쪽일까? 여러분은 제한시간 내에 잘 짜인 답안을 작성해야 한다. '쓰면서 생각하기' 방법으로 수차례 개요를 다시 짜고 글을 보완하기에는 시간이 부족하다. 머릿속에 떠오른 생각을 한 편의 글로 곧바로 정리하기에도 빠듯하기 때문이다. 그러므로 시험 답안을 작성할 때는 생각한 뒤 쓰는 방법을 권하고 싶다.

마지막으로 대학에서의 공부법이 이전까지와 다르다고 해서 이전의 공부법이 완전히 쓸모없지는 않다는 점을 강조하고 싶다.

인간이 어떤 것을 '배우는' 방법은 단지 교육기관에서 정한 교육 과정을 따라가는 것만이 아니다. 인간은 다른 사람들의 행동을 모방하고, 실수와 실패에서 배우기도 하며, 거듭 연습하기도 하고, 몸으로 깨우치기도 하고, 무엇보다도 현상을 지배하는 체계를 파악하면서 배워나간다. 물론 경험으로 배우는 것과 책과 강의로 배우는 대학 교육은 무척 다르다. 그럼에도 시험을 준비할 때 여러분이 미리 가지고 있던 경험과 지식을 활용하면 큰 도움이 된다. 따라서 이 책에서는 이런 경험과 지식을 제쳐놓기보다는 최대한으로 활용하는 방법을 소개하려고 한다.

대학 시험 이해하기

지금까지 말한 내용에 기초하여 이제부터 시험을 대비하고 치르는 전략, 즉 '시험 잘 보는 법'을 본격적으로 살펴보자. 필자가 지도한 학생들은 이 공부법으로 이미 큰 효과를 거두었다. 그러나 그 전에 전통적인 '고사식 시험'이 여전히 사용되고 있는 현실에 대해 간단히 언급할까 한다. 고사식 시험은 사실 엄청나게 오래된 방법이기 때문에 더 이상 오늘날의 교육에 적합하지 않다고 생각하는 사람도 많다. 따라서 고사식 시험 대신 다른 평가방법이 무수히 시도되어 왔다. 예를 들어 '수시 평가' 방식은 매주 또는 매달 작은 규모의 시험을 실시함으로써 중간·기말고사 단 두 번의 기회만으로 학생의 지식을 평가하는 고사식 시험의 약점을 보완한다. 또 어떤 수업에서는 중간·기말고사를 치르는 대신 에세이나 문제풀이 등의 과제를 매주 제출하기도 한다. 반대로 학기 중에는 평가를 하지 않고 학기말에 그 학기에 배운 모든 것을 종합하여 주어진 3- 4시간 동안 긴 에세이를 써내게 하는 방법도 있다. 요즘에는 시험 대신 현장답사나 조모임에서 발표한 내용을 바탕으로 학점을 주는 수업도 많다. 이렇게 평가방식이 다양한데도 대학에서 100년도 넘게 사용된 '낡은' 고사식 시험이 여전히 가장 흔한 까닭은 무엇일까?

첫째, 고사식 시험이 상대적으로 공정하고 객관적으로 학생을 평가할 수 있기 때문이다. 고사식 시험에서는 응시자들이 동일한 조건 하에 주어진 시간 내에 답안을 작성한다. 또 시험장에서 모든 것이 이루어지기 때문에 다른 사람의 글을 도용하거나 답안을 대신 써주는 부정행위의 가능성이 상대적으로 낮다. 오랫동안 사용된 방식이기 때문에 채점 기준이 상대적으로 분명하게 확립되어 있다는 것도 고사식 시험의 장점이다.

둘째, 많고 적음의 차이는 있지만 응시자에게 전혀 부담을 주지 않는 평가방식이란 존재하지 않는다. 고사식 시험은 학기 중간과 학기말에 한 번씩 치르기 때문에 부담스러운 시험 기간이 언제가 될지 학생들이 정확하게 알 수 있다는 장점이 있다. 따라서 언제 시험에 대비해야 하고 언제 다른 일에 집중할 수 있을지 학생들이 미리 알 수 있으며 결과적으로는 응시자의 부담을 최소화한다.

셋째, 대학 강의는 대부분 한 학기 또는 한 해에 걸쳐 점점 완성되는 한 폭의 그림과 같다. 비록 강의계획서에는 소주제별로 구분되어 있다고 해도 그 속을 들여다보면 서로 긴밀하게 연관된 내용이 연속돼 있다. 이렇게 연속적인 내용을 잘게 쪼개어 배우기는 현실적으로 어렵다. 예를 들어 중간고사 범위에 들어간 내용이 기말고사 범위의 내용과 겹치는 경우도 많다. 때로 이 연속성의 순서가 뒤바뀌기도 한다. 올해 전공 수업에서 소개된 방법론이 사실 지난 학기 수업에 더 적합한 것일 수도 있다. 그렇지 않더라도 학기말에는 대체로 지금까지 다룬 내용을 한눈에 되돌아보면서 각 구성 요소들이 서로 어떻게 연관되는지 비로소 깨닫게 된다. 이렇게 대학에서는 공백 상태에서 시작하여 각 부분을 하나하나 배워나간 뒤 마지막에 모든 것을 연관시켜 유기적인 지식으로 완성하는 강의 방식이 일반적이기 때문에 주로 학기말에 중점을 두고 평가하는 고사식 시험이 한층 설득력을 읽는다.

따라서 기말고사야말로 가장 중요한 시험이다. 어떤 이에게는 그동안 잃었던 점수를 한꺼번에 만회할 기회이기도 하다! 중간고사와 기말고사 기간 각 1주일을 제외한 나머지 12~13주의 긴 시간을 오로지 수업 내용을 익히고 자기 것으로 만드는 데 투자할 수 있다. 또한 이 기간 동안에는 교수님들이 엄격한 평가자가 아니라 기꺼이 도우려는 교육자로서 학생들을 대한다. 교수님들은 최대한 정보를 통제해야 하는 감독자와, 최대한 많은 것을 가르쳐야 하는 교육자의 두 몫을 동시에 수행해야 하는 딜레마에 놓여 있다. 감독자로서 교수님은 학생들로부터 거리를 두면서 최대한 객관성을 유지해야 하지만, 교육자로서 교수님은 최대한 학생 처지에서 학생이 어려워하는 부분을 도와야 한다. 이 두 역할을 동시에 수행하기는 결코 쉽지 않다.

이 모든 것이 여러분에게 알려주는 바는 무엇일까? 바로 학생 모두에게 동등한 '자원'과 '기회'가 주어진다는 사실이다.

먼저 '자원'이란 무엇일까? 시간이 흘러가고 강의가 진행됨에 따라 강의 자료와 유인물, 수업이나 개별 면담 시간 또는 특강 때 필기한 내용, 제출 뒤 조언이 첨부된 채 돌려받은 에세이, 채점된 과제물, 참고서적과 각종 복사 자료, 지난 학기 기출 문제나 이른바 '족보'라고 불리는 자료 등이 바로 그 '자원'이다. 이러한 '자원'과 함께 수업과 세미나를 빼먹지 않고 참석한 학생이라면 자기도 모르는 사이에 글로 쓰인 이상의 어떤 것들, 예를 들어 교수님의 강의 방식이나 그 분야에서 자주 사용되는 학술용어 등을 습득했을 것이다.

그렇다면 '기회'란 무엇일까? 여기서 기회란 바로 시간이다. 시험 전 수업과 시험 사이의 시간, 이른바 시험 기간은 그동안 배운 것을 검토하고 복습하여 굳게 다지는 '기회'다. 때로는 잘 모르는 내용을 찾아보거나 교수님께 질문하기도 한다. 앞서 말한 '자원'과 함께 이 '기회'는 원칙적으로 누구에게나 동등하게 주어지지만 활용 방법에 따라 그 효과는 천차만별이다. 따라서 이 책에서는 이 '자원'과 '기회'를 나누어 각각을 가장 효율적으로 얻고 활용하는 방법을 다룰 것이다.

본격적으로 시작하기 전에 한 가지만 더 짚고 넘어가자. 시험과 평가가 어떤 절차에 따라서 이루어지는지 다음의 체크리스트 1에서 확인하자. 대개 교수님께서 먼저 명시하는 것이 보통이지만 그렇지 않을 때는 따로 질문하자. 이 절차가 지켜지지 않을 경우에는 교수님께 따로 정중히 말씀드려야 한다.

체크리스트 1 시험의 절차

• 답안지 채점 때 응시자의 이름을 가리고 채점(무기명 채점)하는가? • 채점 순서가 무작위인가? 아니면 응시자들이 답안지를 제출한 순서나 다른 순서에 따라 채점하는가? • 채점자가 두 명 이상인 경우, 이전 채점자가 매긴 점수를 다음 채점자가 볼 수 있는가?	의식적으로, 또는 무의식적으로 편파적인 채점이 이루어지는 것을 방지하기 위해 필요한 절차다. 예를 들어 답안지를 제출한 순서대로 채점할 경우 채점자의 편견에 따라 먼저 제출한 응시자들이 이익 또는 불이익을 당할 수 있다.
• 논란이 있거나 모호한 답안지의 경우 채점 때 어떻게 처리하는가? 제3자에게 의뢰하여 평가하는가?	제3자, 대개 다른 교수님이 평가에 참여하면 편파적인 채점을 방지할 뿐 아니라 시험의 변별력이나 각 학점의 기준이 좀 더 명확해진다.
• 장애 또는 특별한 사정(응시자의 소속 학과 실습 등)이 있는 응시자들은 어떻게 시험을 치르는가?	장애나 기타 사정으로 다른 응시자와 동일한 시간에 시험을 치를 수 없는 사람은 다른 장소 또는 다른 문제로 시험을 치러야 한다. 먼저 시험을 끝낸 응시자들 때문에 답안이 유출될 수 있기 때문이다.
• 평가 방식이 상대평가인가, 절대평가인가?	최근 대학에서는 상대평가가 매우 민감한 문제로 떠올랐다. 상대평가는 각 학점의 비율이 정해져 있기 때문에 학생들 사이의 경쟁이 더욱 치열하다. 따라서 평가자는 시험에 앞서 평가 방식이 상대평가인지 절대평가인지 응시자들에게 미리 밝혀야 한다.

그 많은 답안 중에서 채점자의 시선을 잡아끄는
가장 좋은 방법은 글의 '얼굴'이라고 할 수 있는
서론을 훌륭하게 구성하는 것이다.

시험 답안을 인용구로 시작하는 것은 때로 위험하다. 자칫하면 시험 문제가 인용구가 설정한 범위에 갇힐 위험이 크기 때문이다.

01

기출 문제 활용하기

기출 문제를 보면
시험 문제가 보인다

시험을 앞둔 사람에게 지난 학기 기출 문제만큼 의지되는 것이 또 있을까? 먼저 기출 문제를 지난 3학기 정도의 분량을 확보하도록 하자(물론 4학기 분량을 확보하면 더 좋다. 5학기를 넘어가면 너무 오래돼서 바뀐 내용이 많을 것이다). 그런 다음 문제 형식에 완전히 익숙해질 만큼 시간을 충분히 투자해서 꼼꼼히 살펴보자.

기출 문제를 풀어보는 이유는 다양하다. 가장 큰 이유는 역시 출제 경향을 파악하기 위해서다. 하지만 기출 문제에는 그 이상의 의미가 있다. 기출 문제를 분석함으로써 출제자(대학 수업이라면 대개 한 학기 동안 가르친 교수님 본인)가 학생들에게 무엇을 요구하는지 알 수 있다. 교수님의 의도가 무엇인지, 어떤 수강생을 높이 평가하는지 알 수 있다. 또 기출 문제를 토대로 올해 시험 문제를 정확하게 해석하고, 그에 맞게 답안을 구성하며, 시험 준비 때 어느 자료의 어떤 부분에 집중해야 할지 예측할 수 있다. 이제부터 기출 문제를 활용하는 방법과 그 효과에 대해 자세히 알아보자.

먼저 몇 가지를 확인해 보자. 다음 체크리스트 2의 내용을 교수님께 질문하여 확인하자. 또 학기별로 기출 문제의 경향이 어떻게 바뀌었는지 직접 살펴보자. 변화가 눈에 띈다면 어디가 어떻게 바뀌었는지 주목하라.

체크리스트 2 기출 문제를 보기 전에 확인할 내용

기출 문제를 이번 학기 시험에도 활용할 수 있을까? 시험 구성(예를 들면 문제의 숫자, 선택형 문제의 숫자, 항목별 분할 등)이 같은가?	대개 시험은 시험 2-3개월 전에 출제된다. 따라서 교수님께 질문하여 시험의 구성을 미리 알아 놓자.
이번 학기에 신설된 수업인가?	신설된 수업이라면 당연히 기출 문제가 없을 것이다. 이럴 때는 시험 문제가 어떻게 출제될 예정인지 예제를 들어 설명하도록 교수님께 부탁하면 된다. 강의명은 다르지만 비슷한 과목의 기출 문제를 활용할 수도 있다.
이번 학기 수업 내용이 바뀌었는가? 수업의 요점도 바뀌었는가? 담당 교수가 바뀌었는가?	바뀐 부분이 있다면 앞서 기출 문제가 없을 때와 마찬가지로 어떤 유형의 문제가 시험에 나올 예정인지 예제를 들어 설명하도록 교수님께 부탁하자.

'시험 문제'란 무엇인가?

> '시험은 시험지에 있는 질문의 답을 쓰는 것'이라고 생각하는 경우가 많지만, 시험 문항이 "~인가?"와 같은 '직접 의문문' 형식이 아닌 과목도 많다. 다시 말해서 어떤 과목들의 시험 문항은 물음표로 끝나는 질문이 아니라 "~에 대해 논하라" "~에 대해 비평하라"와 같은 '지시문' 형태를 띤다. 따라서 이제부터 '시험 문제'라고 말할 때는 의문문과 지시문 형식 모두를 가리킨다. 질문 형식의 시험 문제만을 가리킬 때는 별도로 명시할 것이다.

기출 문제에서
확인할 것들

대개 시험 문제에는 문제 해결형과 서술형의 두 가지 유형이 있다. '문제 해결형' 시험 문제는 주어진 자료에서 결론을 추론해내는 유형으로, 대개 수량·통계 위주의 과목(사회과학·자연과학 관련 과목)과 법학 분야(예를 들어 "~에 대해 판결하라"와 같은 문항)에서 사용된다. 이런 문제 해결형 문항에 답하려면 '글쓰기 기술'이나 '논증법'과 같이 이 책에서 다루는 범위를 뛰어넘는 특화된 기술이 필요하므로 여기서는 주로 서술형 문제에 대해서만 다루겠다.

기출 문제를 접하는 사람들의 반응은 실로 다양하다. 어떤 사람은 호기심을 느끼고 어떤 사람은 아드레날린이 솟구치는 짜릿한 기쁨을 맛본다. 그런가 하면 예전 시험에서 겪은 나쁜 경험 때문에 마음이 덜컥 내려앉는 사람도 있을 것이다. 이런 사람들은 기출 문제, 심지어 모든 시험 문제를 되도록 보지 않으려고 피하기도 한다. 만약 여러분이 이런 유형에 속한다면 어떤 문제가 나올까 하는 호기심을 원군 삼아 과거의 나쁜 경험을 정면 돌파하자! 과거의 쓰라린 기억을 이겨내야 새로운 일을 할 수 있는 법이니까.

기출 문제를 구한 뒤 가장 먼저 할 일은 이번 학기의 수업 내용과 비교하는 것이다. 체크리스트 3으로 여러분이 구한 기출 문제가 어느 유형에 속하는지 분석해보자.

시험 문제를 이루는 언어도 구체적인 표현과 단어 수준까지 살펴볼 가치가 있다. 이 또한 출제자의 의도를 예측하는 수단이 된다. 교수님께서 이 과목과 관련 분야에 대해서 어떻게 생각하는지, 자신의 연구에서는 어떤 목표를 추구하는지, 이런 생각들을 어떻게 개념화하고 논리화하는지 알 수 있다. 42쪽 체크리스트 4에는 시험 문제에 사용되는 언어에 대한 '감'을 파악하여 출제자의 의도를 읽어내는 방법을 담았다. 일단 감을 잡고 나면 시험 문제뿐 아니라 평소 진행되는 수업, 그 내용을 받아적은 필기, 교수님이 나눠주시는 수업 자료에도 적용해보자. 더 필요한 내용이나 시험 공부할 때 주목해야 하는 부분은 보충하자. 교수님이 해당 과목 내의 다양한 입장 중 어디에 속하는지, 어느 '학파'에 속하는지 알 수 있다면 큰 도움이 된다. 학파 내부에서는 즐겨 사용하는 언어와 사고방식이 비슷할 때가 많기 때문이다.

체크리스트 3 유형별 기출 문제

기출 문제들을 "이것은 X에 관한 문제" "이것은 Y에 관한 문제"처럼 관련 내용에 따라 분류할 수 있는가?	문제를 관련 내용에 따라 분류하면 도움이 많이 된다. 출제자는 으레 수업 내용을 각 부분별로 나누어 문제를 내기 때문이다(문제가 특정 부분에서 많이 나오지 않도록 비중에 신경 쓰는 출제자도 많다).
기출 문제가 학기 중 수업의 어느 부분과 연관되어 있는지 알 수 있는가?	출제 방식이 수업 진행과 같은 흐름을 따르는지 확인하자. 문제의 순서와 수업 진행의 순서가 같은가?
위와 반대로 기출 문제가 수업 전반을 관통하는 큰 틀에 관한 것인가?	예를 들어 어느 과목에서 일주일에 하나씩 총 열개의 사례 연구를 다루었다고 하자. 그런데 이 과정에서 사용된 연구법이나 접근법은 다섯 개 정도다. 이 경우 시험의 초점은 주별로 다룬 각각의 사례 연구가 아니라 거기에 사용된 연구법과 접근법에 맞춰져 있을 수 있다. 과목을 케이크에 비유한다면 수업은 케이크를 세로로 자르면서 이루어지지만 시험은 가로로 자르면서 치르게 된다. 그렇다면 이런 출제 방법에 대해서도 미리 알고 있어야 한다. 또 각 사례 연구에 대한 문제와 연구법·접근법에 대한 문항이 혼합 출제될 가능성도 염두에 두어야 한다.

이렇게 출제자의 의도를 잘 파악할수록 답안을 어떤 방식으로 작성해야 하는지에 관한 좋은 아이디어가 더 많이 떠오를 것이다. 따라서 체크리스트의 내용에 따라 기출 문제를 주의 깊게 살펴보자.

체크리스트 4 기출 문제의 언어

문제의 유형	답안의 작성 방향
'이론' '관점' '개념' '패러다임'과 같은 추상적인 관념에 대한 용어를 포함하는 문제	출제자는 여러분이 추상적 용어를 사용하는 복잡한 논의를 진행할 수 있기를 바라고 있다. → 점수를 잘 받기 위해서는 출제자가 사용한 용어를 능숙하게 사용하여 논의를 진행시킬 수 있음을 보여야 한다.
해당 과목의 유명 저자나 이론가의 이름과 그 저서로부터의 인용구를 포함하는 문제	출제자는 현실 세계에 일어나는 현상보다는 문헌에 담긴 이론적 관점, 논의와 비평 등을 익히는 것에 중점을 두고 있다. → 위 유형과 마찬가지로 출제자가 이 분야에서 취하고 있는 접근법을 이해하고 사용하여 논의를 펼칠 수 있음을 보여야 한다.
"~에 대해 논하라" "~에 대해 평하라" "~와 같은 관점을 고려하여"와 같은 지시문 "~에 동의하는가?"와 같은 의문문	출제자는 다양한 주제와 논점, 학계 내 각기 다른 의견을 배우는 것에 중점을 두고 있다. → 따라서 서로 다른 주장을 다양하게 언급하여 논의를 펼치는 답안을 높이 평가할 것이다.
명시적으로 또는 암시적으로 설명을 요구하는 문제 • '왜' '무엇을' '어떤' '언제' '어떻게' 또는 '어느 정도로' '어느 범위만큼' '어떤 조건에서' '어떤 방식으로' '얼마나 중요한가' '얼마나 의미 있는가'와 같은 직접 의문문 • 특정 경우나 사건을 "설명하라" 또는 "밝혀라"고 요구하는 지시문	출제자는 해당 과목의 적합한 설명 방식에 대해 자기 나름대로 (명시적으로 드러나지 않는) 기준을 가지고 있다. → 만약 출제자가 기존 이론과 개념 또는 권위자의 의견을 신봉하는 유형이라면 실제 현상을 문헌의 이론에 기초하여 분석하도록 요구할 것이다. → 그러나 출제자가 현실을 중요하게 여기는 성격이라면 현실 세계의 현상과 요소들의 구조와 작동 원리, 그리고 무엇이 그런 현상을 일으키는지

• 인과 결과의 뜻을 가진 다음의 단어·표현을 포함하는 문제: '왜냐 하면' '~ 때문에' '~와 관련하여' '~의 원인으로' '~으로 일어난' '~으로부터 발생한' '~에서 유발된' '~의 영향으로' '~의 결과로서' '~으로 촉진된' '~으로 가능·불가능해진' '~ 배후의 요인은' '~의 기초가 된' '당연히 ~가 발생한'	정도만 다루는 답안을 작성해도 충분하다.
'현안' 관련 용어와 '대처 방안' 관련 용어 (이 경우 세 가지 유형이 있다) • '현안'과 '대처 방안'에 관련된 용어를 사용하는 문항 예) '현안' '쟁점' '문제' '목적' '목표' '우선순위' '결과' '효과' '비용' '이익' '장점' 등 • '~해야 한다' '~할 필요가 있다' '문제' '압력' 등 '당위'를 나타내는 표현 • '좋은·나쁜' '공정한·불공정한' '성공·실패' '합당한·부당한' '적절한·부적절한'과 같이 가치판단에 사용되는 표현	출제자는 "X라는 사안에 대해 어떤 조치를 취해야 하는가?"와 같은 '현안'과, 그에 대한 과거·현재·미래의 '대처 방안'을 공부하는 것에 중점을 두고 있다. → 앞서와 마찬가지로 여러분은 출제자와 같은 접근 방식과 언어를 사용하여 답안을 작성해야 한다. 이런 과목의 출제자는 직접 조사한 통계자료와 기존 참고문헌의 이론을 함께 다루는 혼합형 문제를 출제하는 경우가 많다. 이 경우에는 출제자가 제시한 자료와 문헌을 그대로 사용하여 답안을 작성해야 한다.

시간과 관련된 단어와 표현	꼭 역사 관련 과목에서만 이런 유형의 문제가 출제되는 것은 아니다. 출제자는 여러분이 해당 과목을 역사적 전후 관계 또는 시간의 흐름에 따라 파악하기를 바라고 있다.
• 특정 시점이나 시기, 일자, 경과 시간이나 빈도수를 나타내는 표현: '~해왔다, ~할 것이다, ~될 것이다' '오늘날' '현재' '여전히' '거의 ~하지 않는다' '때때로' '빈번히' '자주' '언제나' • 시간과 관련하여 '과정'을 강조하는 표현: '발달·발전' '진화' 사건과 상황의 '전후 관계'나 '결과'	→ 따라서 답안 구성 요소들을 시간의 흐름에 따라 잘 배열해야 한다.

기출 문제를 분석함으로써 교수님이
학생들에게 무엇을 요구할지 알 수 있다.

시험문제는
불친절하다

여태껏 시험을 치러오면서 시험 문제가 친절하고 협조적이라는 느낌을 받은 적은 아마 한 번도 없을 것이다. 대학 시험도 마찬가지다. 시험 문제는 언제나 '불친절'하다. 더 혼란스러운 것은 시험 문제가 친절한지 불친절한지는 그 문제를 내는 교수님의 인성과 아무 상관이 없다는 사실이다. 품성이 훌륭하고 인자한 교수님이 낸 시험 문제라도 충분히 불친절할 수 있다.

그렇다면 '불친절한' 시험 문제란 도대체 무엇일까? 여기서 시험 문제를 '불친절'하다고 탓하는 이유는 시험을 치르는 사람에게 명확하고 이해 가능한 지침을 제공하기는커녕 더욱 혼란스럽고 당황하게 만들기 때문이다. 이 때문에 시험을 치르는 사람들은 가뜩이나 긴장된 상황에서 더 스트레스를 받게 되며 심지어 자신의 공부가 부족하여 출제자의 의도를 이해할 수 없다는 자괴감마저 들 때도 있다. 이상하게도 대학은 엄청난 양의 언어가 항상 오가는 곳임에도 모호한 구석 없이 깔끔한 학술 언어를 문법에 맞게 사용하여 시험 문제를 내는 교수님은 생각보다 흔치 않다. 더 이상한 것은 누구나 올바른 우리말 사용에 대한 필요성에 공감하는데도 실제 학생들이 접하는 시험 문제는 별반 차이가 없다는 현실이다. 체크리스트 5에서 '불친절한' 시험 문제를 미리 살펴보자.

체크리스트 5 '불친절한' 시험 문제의 유형

시험 문제 유형	혼란스러운 이유
질문(말 그대로 물음표로 끝나는) 뒤에 "~에 대하여 논하라"와 같은 문장이 따라오는 경우 예) 언론은 양성평등 실현에 어떤 역할을 수행하여 왔는가? 언론매체 중 한 가지를 골라 논의하시오. → 예문의 두 번째 문장이 실제로는 "언론매체 중 한 가지를 예로 들어 답하시오"라는 뜻임에 주의할 것.	학생에게 두 가지 상반된 행동을 동시에 요구하고 있다. 하나는 '맞는 답'을 요구하는 반면, 다른 하나는 정해진 답이 없는 '논의'를 하라고 요구한다. 따라서 자신의 의견을 펼치라는 것인지, 맞는 답을 제시하라는 것인지 혼란스러울 수 있다. 결국 학생들은 대부분 수업 내용을 기초로 정답을 제시하려고 애쓰다가 이런저런 의견이 더해지면서 정해진 답도 논의도 아닌 어중간한 글을 쓰고 만다.
인용부호는 없으나 개인의 의견이라기보다는 사실관계에 대한 서술처럼 보이는 문장 뒤에 물음표로 끝나는 질문이 따라오는 경우	인용부호가 없기 때문에 첫 번째 문장의 서술이 검증해야 할 '의견'의 영역에 속하는지, 이미 검증된 '사실'의 영역에 속하는지 분명하지 않다.

예) 직장 내 양성평등 보장에 관한 사회적 관심이 빠르게 증가하고 있다. 이 권리를 보호하기 위해서는 어떤 조치를 취해야 하는가? → 답안을 구성할 때 직장 내 양성평등 보장에 실제로 관심이 빠르게 증가하고 있는지 아닌지에 관한 언급도 포함시켜야 할까? 아니면 권리를 보호하는 조치만 언급하면 될까?	따라서 답변할 때 첫 번째 문장의 서술에 대해 짚고 넘어가야 하는지, 아니면 첫 번째 문장이 사실이라고 가정한 채 두 번째 문장의 질문에만 답하면 되는지 혼란스러워진다. 예문에서처럼 첫 번째 문장에 정확한 수치 자료나 통계가 제시되지 않는다면 믿을 만한 서술인지 더욱 혼란스러울 것이다.
인용부호는 없으나 개인의 의견이라기보다는 사실관계에 대한 서술처럼 보이는 문장 뒤에 "~에 대하여 논하라"와 같은 문장이 따라오는 경우 예) 아동의 집중력 수준을 평가하는 가장 신뢰할 만한 방법은 주어진 과제 수행에 소요된 시간을 측정하는 것이다. 이에 대하여 논하라. → 예문에 제시된 방법이 '가장 신뢰할 만한 방법'인지에 대해서만 논의해야 할까, 아니면 더 신뢰할 만한 다른 방법까지 제시해야 할까? 다른 방법을 제시한다면 그 효과까지 예측하여 함께 제시해야 할까?	위와 마찬가지로 인용부호가 없기 때문에 첫 번째 문장의 서술이 검증해야 할 '의견'의 영역에 속하는지, 이미 검증된 '사실'의 영역에 속하는지 분명하지 않다. 첫 번째 문장에 정확한 수치자료나 통계가 제시되지 않는다면 믿을 만한 서술인지 더욱 혼란스러울 것이다.
한 문장 속에 두 가지 질문이 숨어 있는 '이중 질문'.	결과적으로 학생은 한 문제를 답하기에도 빠듯한 시간에 '무엇을 할 수 있는가'와 '무엇을 해야 하는가'의 두 측면을 모두 다루어야 한다.

예) 1960년대 이래 한국의 농촌경제는 크게 쇠퇴하였다. 정부는 농촌경제를 다시 발전시키기 위해 무엇을 할 수 있으며, 해야 하는가? → '무엇을 할 수 있는가'와 '무엇을 해야 하는가'는 다른 차원의 문제지만 여기에서는 한 문장 안에 모두 포함되어 있다.	어느 한쪽에 집중하지 않고 양쪽을 다 다루는 답변이라면 다 써내기에 시간이 부족해서 점수를 잃게 될 것이다.
인용구 뒤에 그와 직접적인 관련이 없을 뿐 아니라 인용구가 없었다면 전문이 따라오는 경우 예) "이 집에서는 제가 딸이자 아들이죠." (셰익스피어, 〈십이야(十二夜)〉)- 문학에서 나타나는 사회적 성역할과 생물학적 성별의 표상을 둘 이상 비교/대조하라. → 두 번째 문장의 비교/대조는 셰익스피어의 인용구 없이도 가능하다. 앞 문장을 언급하지 않고 비교/대조해도 될까?	답변에서 앞 문장의 인용구를 언급해야 하는지, 다른 자료와 예문을 임의로 사용해도 되는지 분명하지 않다.
문제에서 비유적 표현이나 일상적 표현을 사용하는 경우(예문의 밑줄 참조) 예 1) 사회보장 제도의 비용은 1980년대 영국 행정부 정책의 아킬레스건과도 같았다. 이에 관하여 논하라.	비유적 표현이나 일상적 표현을 좀 더 의미가 분명한 말로 바꿀 수 있는지, 바꾼다면 이익(문제에서 사용된 용어를 깊이 이해하고 있으므로)이나 불이익(문제에서 사용한 용어를 따르지 않았으므로)이 있는지 분명하지 않다.

→ '아킬레스건'은 명백히 비유적 표현에 속한다. 이 문장에서 '아킬레스건'의 정확한 의미가 무엇인가? 예 2) 우리는 왜 인터넷의 발달이 인간 소외를 낳는지에 시선을 집중해야 하는가? → '시선을 집중하다'와 같은 일상적 표현은 일반적으로 학계의 논의에서는 사용되지 않는다.	또 비유적 표현이나 일상적 표현은 상황이나 관습, 문화에 따라 의미가 크게 다르기 때문에 그 의미를 명확하게 받아들이지 못할 수도 있다.
모호한 용어(여러 가지 의미로 해석할 수 있는 용어)를 사용하는 질문(예문의 밑줄 참조) 예) 가족계획은 국가의 경제 성장에 어떤 영향을 미치는가? 이에 대해 논하라. → 여기서 말하는 국가는 일반적인 의미의 국가인가? 만약 아니라면 특정 국가를 예로 들어 주장을 펼쳐야 하는가?	용어가 모호하기 때문에 문제를 어떻게 해석해야 할지 분명하지 않다. 자칫하면 두 가지 이상의 해석 중 어느 것을 선택할지 고민하다가 시간을 낭비할 수도 있다. 또 출제자가 의도한 것과 전혀 다른 방향으로 답변이 전개될 수도 있다. 최악의 경우 서로 다른 해석이 뒤섞여 글의 방향을 잃을 수도 있다. 어느 쪽이든 피해야 한다.
시험 문제의 문장이 과도하게 꼬였거나 길고 복잡할 경우 예 1) 양성평등의 관점에서 정책을 수립하는 것이 중요한 이유를 비판적으로 논하라.	심하게 꼬였거나 길고 복잡한 문장은 시험을 공부한 내용에 관한 평가가 아니라 '언어와의 싸움'으로 변질시킨다. 이 경우 우리에게 필요한 것은 한두 가지 핵심 표현의 의미가 얼마나 분명한지(특히 주장과 가설의 경우) 파악하는 '눈치'

→ 만약 "양성평등의 관점에서 정책을 수립해야 한다는 주장을 분석하고, 그 근거에 대해 비판적으로 논하라"라고 썼다면 훨씬 이해하기 쉬웠을 것이다. 예 2) 합스부르크 제국 분열의 영향과 관련하여 왜 유럽 열강이 외교적 목적을 달성하는 데 실패하였다고 평가할 수 있으며, 이는 어떤 결과를 가져왔는가? → 만약 "합스부르크 제국 분열 이후 유럽 열강이 외교적 목적을 달성하는 데 실패하였다는 주장에 관하여 평가하고, 그 결과에 관하여 논하시오"라는 문장으로 정리했다면 훨씬 깔끔하고 이해하기 쉬웠을 것이다.	그리고 출제자가 답안에 어떤 정보를 포함하기를 원하는지 빠르고 정확하게 판단할 수 있는 '내공'과 혼란스러운 표현에 흔들리지 않을 '배짱'이다. 결국 시험의 본래 목적은 흐려지고 일종의 '심리 싸움'만 남는 셈이다.
편집상 실수로, 또는 오타나 단어 누락으로 문제를 해석할 수 없는 경우	드물기는 하지만 없다고 단언할 수는 없다. 출제자나 학생 어느 한쪽 또는 모두 알아차리지 못하는 경우 시험 진행에 차질이 생기는 것은 물론 긴장된 상황에서의 스트레스를 더욱 늘린다.

지난 학기 기출 문제가 위 유형에 해당한다면 될 수 있는 대로 일찍 교수님께 그 사실을 알려서 같은 잘못이 반복되지 않도록 해야 한다. 출제자로서 교수님이 어떤 답안을 바라는지, 위의 예처럼 불분명한 부분이 있다면 어떤 방향으로 해석해야 하는지 질문하자.

교수님께 찾아가기 가장 좋은 시기는 시험 문제가 출제되기 이전인 학기 초반이다. 또한 기출 문제에 불분명한 부분이 있음을 미리 알림으로써 교수님이 강의를 진행하면서 그 부분을 보완하도록 하는 효과도 거둘 수 있다.

어쩔 수 없이 시험 직전에 위 유형과 같은 문제를 발견한다고 해도 겁먹지 말자. 교수님의 평가 방식에 의문을 제기하고 보완을 요구한다고 해서 버릇없는 학생이 되는 것은 절대 아니다. 아마 교수님들은 대부분 여러분의 목소리에 귀를 기울이고 불분명한 부분을 보완하려고 노력할 것이다.

혹시 중대한 시험(예를 들어 대학원 입학시험이나 기타 자격시험)에서 위와 같은 문제가 발생하거나 어떤 교수님의 시험 문제에서 연거푸 결함이 발견된다면, 즉 학생의 입장을 고려하지 않은 채 문제가 출제된다면 단과대나 학과 사무실을 통해 정식 절차를 거쳐 시험 문제의 결함 검토를 요구할 수도 있다. 모호한 문제를 내버려두면 결국 피해보는 것은 학생 쪽이다. 행동하는 것이야말로 여러분 자신에게도, 평가하는 교수님에게도 도움이 된다.

두근두근 퀴즈:
이번 시험에는 어떤 문제가 나올까?

시험에 어떤 문제가 나올지 예측하는 것은 전적으로 여러분 자신의 기술과 판단력, 예측의 결과를 받아들일 배짱(!)에 달려 있다. 이런 개인적인 영역에 대해서는 따로 다루지 않겠다. 하지만 몇 가지 사항들을 살펴봄으로써 예측의 가능성을 높일 수는 있다. 체크리스트 6을 읽어보자.

체크리스트 6 출제경향 예측하기

예측의 근거	예상할 수 있는 출제 경향
해마다 계속 출제되는 특정 주제가 있는가?	만약 그렇다면 그 주제에 대해 묻는 여러 가지 방식을 예측해야 한다. 그 주제를 다룬 기출 문제들을 살펴보고, 새로운 표현이나 문장으로 그 주제를 다룬다면 어떤 문제가 나올지 생각해보자.

해마다 갱신되는 내용(예를 들어 국제정치)을 다루는 수업인가?	새로 추가된 내용에 관해서 다룬 책이나 현안 쟁점에 대한 시험 문제가 나올지 생각해보자.
기출 문제의 범위가 수업 전체를 포괄하는가?	수업이 15주에 걸쳐 이루어졌고 시험 문제가 15개라면, 각 주당 한 문제씩 출제되리라고 단순 예측할 수 있다.
위와 반대로 기출 문제가 수업 내용 중 일부 주제만을 다루는가?	이 경우 전체 내용 대신 일부만을 공부하는 것은 무모한 도박이다. 경우에 따라 다르지만 무리하게 시험 범위를 예측하여 특정 부분에 집중하는 대신 전체를 빠르게 훑어보는 편이 안전하다.
강의가 한 명이 아니라 여러 교수님 공동으로 이루어졌는가?	기출 문제 중 여러 사람이 진행한 내용에 관한 질문들을 '이어 붙여' 만든 문제가 있는가? 강의가 공동으로 이루어진 방식이 기출 문제를 이어 붙인 방식과 같은지 살펴보자. 아마 최소한 수업 진행 순서와 문제의 순서 정도는 맞아떨어질 것이다.
하나의 대(大)주제에서 여러 소(小)주제로 나누어지는 과목인가?	대주제가 어떤 기준에 따라 소주제로 나누어지는지, 결과적으로 학생이 선택할 수 있는 것은 어느 수준까지 세분화된 소주제인지 알고 있어야 한다.
두 개 이상의 주제가 한 질문에서 동시에 다루어지거나, '또는' 등의 표현으로 연결되는 경향이 있는가?	이 경우 주제들 사이의 관련성을 생각해야 한다. 한편, 완전히 연관성 없는 (다른 주제와 한 질문으로 연결될 가능성이 없는) 주제는 상대적으로 신경을 덜 써도 될 것이다.

출제자가 바라는 답안

수십 년 동안 대학에서 시험 문제를 출제해오면서, 그리고 다른 출제자들과 교류하면서 출제자들의 채점 경향을 다소나마 파악한 바를 여기에서 함께 나누고자 한다.

어떤 출제자들은 채점 기준이 되는 '모범답안'의 범위가 매우 좁다. 따라서 이런 출제자들은 대체로 비판적인 입장에서 학생의 답안이 모범답안과 어긋나는 부분을 파악하여 점수를 깎는 방식을 취한다. 반면 어떤 출제자들은 좀 더 융통성 있는 태도로 답안의 장점을 평가하여 점수를 부여하기도 한다. 어떤 경우든 내용 이해가 필수적이며 만족스러운 점수를 얻으려면 다음 조건 또한 충족시켜야 한다.

- 논점이 분명하며 질문에 실질적인 답을 제시하는 답안.
- 체계적이고 논리적이며 적절하게 구조화된 답안.
- 관련 자료를 폭넓게 읽고 썼음이 분명한 답안. 이와는 반대로 책 한 권 또는 한 권 분량도 채 되지 않는 내용을 답안 내내 여기저기 끌어다 인용하면 오히려 역효과만 불러일으킨다.
- 독자적이며 비판적인 사고가 엿보이는 답안. '독자적'이라고 해서 겁먹을 필요는 없다. 독자적인 사고는 기초 내용과 다른 관점의 자료들을 충분히 학습한 뒤 그로부터 자신만의 주장을 구성해 나가는 연습으로 형성된다.
- 논의 과정에서 넓고 좁은 시야를 자유자재로 오갈 수 있음을 보이는 답안. '큰 그림' 즉 개관이나 기초 원리, 넓은 맥락과 함께 중요한 '세부 사항'을 동시에 다룰 수 있어야 한다.

기출 문제에 불분명한 부분이 있으면
교수님에게 미리 그 사실을 알려
강의에서 그 부분을 보완하도록 하자.

02

예상 답안 만들기

시험 문제의 뜻을
파악하자!

시험을 잘 치르기 위해서는 무엇보다 시험 문제의 뜻을 파악하는 기술을 꼭(!) 갖추어야 한다. 서투르고 빈약한 답안을 살펴보면 시험 문제의 뜻을 제대로 파악하지 못한 채 알고 있는 사실만 장황하게 늘어놓아 논점에서 어긋나는 경우가 많다.

앞서 기출 문제를 꼼꼼히 살펴보면서 나름대로 답을 만들어보고 불분명한 부분을 찾으려 했던 노력은 모두 시험 문제의 의미 파악 능력을 기르는 과정이다. 똑같은 문제가 다시 출제되리라는 보장이 없기 때문에 기출 문제를 살펴볼 필요가 없다고 생각한다면 오산이다! 기출 문제를 살펴보는 이유는 그 문제가 그대로 나오리라는 기대 때문이 아니라 문제의 뜻을 파악하는 감각을 향상시켜서 어떤 문제라도 빠르고 정확하게 속뜻을 파악하는 능력을 기르기 위해서다. 더구나 이번 시험의 문제가 설령 다른 주제에 관한 것일지라도 출제자가 같은 이상 기출 문제와 같은 형식이나 문장으로 만들어질 가능성이 높다.

무엇보다도 시험 문제를 정확하게 파악해야 요점이 분명하고 명쾌한 시험 답안을 작성할 수 있다. 지금 이 시간에도 교수님들은 학생들에게 아마 대학 교육이 시작된 이래 모든 교수님들이 해왔을 그 말, 바로 "문제에서 요구하는 바에 맞는 답안을 쓰자!"라고 말하고 있을 것이다(이상하게도 교수님과 학생들 모두 여기에 대한 목표 의식이 분명함에도 정작 시험 답안은 문제에서 묻는 내용과 어긋나는 경우가 많은 것은 정말 불가사의하다). 문제에서 묻는 주제에 답하지 않고 다른 내용으로 논점을 흐리면 당연히 감점 당한다. 예를 들어 자신이 쓰고 있는 보고서의 연구 문제와 시험 문제의 주제가 비슷해서 너무 기쁜 나머지 그 차이점을 인식하지 못하고 자기 연구 이야기만 늘어놓거나 시험 문제가 어렵다고 해서 자기 멋대로 단순화시키거나 엉뚱한 내용에 관한 글을 쓴다면 아무리 방대한 지식과 훌륭한 문장으로 답안을 작성한다고 해도 좋은 점수를 받기 어렵다.

학생들이 저지르는 가장 흔한 실수는 공부를 많이 했음을 과시하려고 알고 있는 것들을 두서없이 길게 쓰는 행위다. 명심하자. 교수님들은 답안을 채점할 때 그 '양'이 아니라 '질' 즉 사고 구조와 체계가 얼마나 명확한지에 더 중점을 둔다.

따라서 답안을 작성할 때는 먼저 시험 문제를 꼼꼼히 읽어보고 두 가지를 파악하자. (1)출제자는 어떤 요소를 답안에 포함시키기기를 원하는가? (2)(종종 그렇듯) 출제자의 의도가 분명하지 않다면 어떤 요소를 넣었을 때 돋보이는 답안이 될 수 있을까? 이 두 가지를 파악하려면 먼저 문제의 뜻부터 완전히 파악해야 한다. 다시 말해 시험 문제를 이루고 있는 단어와 문장이 각각, 그리고 합쳐졌을 때 어떤 의미를 가지며 얼마나 중요한지 도출해내야 한다. 마치 수학 문제를 푸는 것 같지 않은가?

이제 체크리스트 7에서 시험 문제의 뜻을 파악하는 방법을 알아보자. 먼저 기출 문제를 놓고 왼쪽 칸의 네 가지 항목을 살펴보자. 이렇게 하는 이유는 네 가지다. (1)시험 문제의 내부 구조를 이해하게 하고 (2)모호한 표현이 나오더라도 당황하거나 고민에 빠지지 않고 침착하게 결정을 내리게 하며 (3)답안 작성 때도 문제의 범위에서 벗어나지 않게 하고 (4)답안 첫 부분에서 여러분이 문제를 어떻게 해석하였는지 밝히는 방법을 알려준다(82쪽 〈답안 작성 계획 세우기〉를 읽어보자). 이 네 가지를 갖춘다면 이제 출제자의 의도가 불분명하거나 심지어 출제자 자신까지도 어떤 답안이 나올지 예상하지 못하는 상황에서도 정말 '점수를 주지 않고는 못 배길' 답안 작성에 필요한 것들을 모두 갖춘 셈이다.

체크리스트 7 시험 문제의 뜻 파악하기

확인할 사항	어떻게 대처해야 할까?
연구자에 따라 다르게 사용하거나 상황에 따라 다르게 사용되는 단어가 포함되어 있는가?(예문의 밑줄 참조) 예) 세계화는 경제적 빈곤층의 빈곤을 더욱 심화시킬 것이다. → 오늘날 '세계화'는 그 의미가 너무나 세분화돼 있다. 연구자들이 저마다 다른 뜻을 부여해 다양한 맥락으로 사용되고 있다.	단어가 어떤 상황에서 얼마나 다르게 사용되는지 알고 있음을 보여야 한다. "ㅇㅇ는 ㅁㅁ이다"라고 한 문장으로 정의한 뒤 다른 의미는 무시한 채 줄곧 그 정의만을 따를 것이 아니라, 한 단어의 서로 다른 의미들을 비교/대조하도록 하자. 같은 단어라도 연구자에 따라 다른 의미를 부여하는 경우가 많으므로 한 가지 정의에 집착하지 말고 그 단어가 어떤 의미로 사용되었는지에 언제나 주목하자.
의미가 하나 이상인 단어가 그중 어떤 의미인지 명시되지 않은 채 사용되었는가?(예문의 밑줄 참조) 예) 정책의 주요 입안자로서 대통령의 역할에 관하여 평가하라. → '기능'이나 '역할'과 같은 단어는 "대통령이 ~해야 한다"는 '당위'의 의미와, "대통령이 ~하고 있다"는 '서술'의 의미를 동시에 지닌다. 예문에서는 이 중 어느 의미로 사용되고 있는지 분명하지 않다.	단어가 어떤 의미로 사용되었는지 명시되지 않았다면 어느 한쪽을 선택하여 답안을 작성하되 하나 이상의 의미를 가질 수 있음을 미리 알고 선택하였음을 분명하게 보여야 한다. 그러기 위해서는 위에서와 마찬가지로 서로 다른 의미들을 비교/대조하는 것이 좋다.

주장이나 가설, 의견이 문제에 포함되어 있는가?(특히 여러 개념이 나뉘지 않고 한 문장으로 묶여 있을 때 주의할 것!) 예 1) 양성평등의 관점에서 정책을 수립하는 것이 중요한 이유를 비판적으로 논하라. → 이 문제는 "양성평등의 관점에서 정책을 수립하는 것이 중요하다"라는 주장을 전제로 깔고 있다. 예 2) 합스부르크 제국 분열 이후의 영향과 관련하여 유럽 열강은 외교적 목적을 달성하는 데 왜 실패하였다고 평가할 수 있으며, 이는 어떤 결과를 가져왔는가? → 여기서는 '평가'라는 단어에서 "합스부르크 제국 분열 이후의 영향과 관련하여 유럽 열강은 외교적 목적을 달성하는 데 실패하였다"라는 문장이 정도의 차이는 있으나 어쨌든 일반적 사실임을 추측할 수 있다.	주장이나 가설, 의견의 영역이 분명하지 않을 경우 그 경계선을 분명하게 긋고(즉 문장의 어디까지가 주장이나 가설, 의견에 속하는지 판단하고) 그 범위에 기초하여 답안을 작성하였음을 보여야 한다.

비유적 표현이나 일상적 표현이 사용되는가?
(예문의 밑줄 참조).

예 1) 사회보장 제도의 비용은 1980년대 영국 행정부 정책의 아킬레스건과도 같았다. 이에 관하여 논하라.

→ '아킬레스건'은 명백히 비유적 표현에 속한다. 따라서 '정책의 실패나 붕괴를 낳을 수 있는 약점 또는 맹점'으로 정확하게 풀이하도록 하자.

예 2) 우리는 왜 인터넷의 발달이 인간 소외를 낳는지에 시선을 집중해야 하는가?

→ '시선을 집중하다'와 같은 일상적 표현은 일반적으로 학계 논의에서는 사용되지 않는 언어다. 예문은 이러한 소외현상이 어떤 효과를 갖는지, 그 효과가 개인과 사회에 어떤 이익 또는 불이익을 가져오는지 논의하라는 뜻이다.

답안을 작성하기 위해서는 불분명한 영역에 속하는 비유적 표현이나 일상적 표현을 학술어나 최소한 분명한 범위를 갖는 언어로 '번역'해야 한다. 표현을 바꾸어 문장을 다시 쓰거나 "~라는 표현의 정의는 무엇인가?"라는 질문을 스스로에게 던져봄으로써 이러한 표현들을 더 엄밀한 언어로 바꿀 수 있다. 66쪽의 〈답안 작성의 방법론〉부분을 참고하자.

반박할 수 없는 사실관계로 보이는 표현이 문제에 포함되어 있는가? 그렇다면 그 사실관계가 실제 조사 결과나 통계 수치로 뒷받침되는가? 아니면 결국 개인적인 추측이나 주관적인 의견에 불과한가?

예 1) 도시 거주 지역은 사회적 서비스를 제공하는 공공기관 주위에 형성되거나 기초적인 사회적 요구에 따라 형성된다. 이에 기초하여 도시 황폐 지역에 대한 정책을 입안해보시오.

→ 전제가 되는 예문의 첫 번째 문장에 의문을 가져보자. 도시의 거주 지역 형성 과정이 실제로 예문과 같은가?

예 2) 모더니즘은 기존 범주를 초월하려는 의식적 소망을 표상한다. 한국의 모더니즘 문학에서 새로운 것에 대한 욕구는 어떤 표현으로 나타나는가?

→ 위와 마찬가지로 첫 번째 문장에 의문을 가져보자. 모더니즘의 속성이 실제로 예문과 같은가?

먼저 문제에 포함된 진술을 검증하고 어떻게 받아들일지 결정해야 한다(정확도, 객관성, 주관성에 따라 어느 정도로 신뢰할 수 있을지 등급을 나눈다). 신뢰할 만한 또는 그렇지 않은 진술임이 판명된 뒤에 그에 대해 지지하거나 반박하는 의견과 함께 문제에 대한 답을 제시한다.

위와 마찬가지로 먼저 문제에서 이루어지고 있는 일반화에 대해서 뒷받침하는 예나 반례를 들어 검증해야 한다.

특정 종류를 묶어 일반화시키고 있는가? 예) "도시의 구시가지 지역은 위생 상태가 나쁘고 범죄율이 높으며 행정력이 닿지 않으므로 현대적 도시 계획에 따라 재개발되어야 한다"는 주장에 대하여 논하라. → 도시의 구시가지 지역이 모두 위 상태에 해당하는가? 위와 같은 일반화가 사실인가?	일반화가 사실임(또는 사실이 아님)을 판명한 뒤 자신의 의견을 개진하도록 한다.

답안 작성의
방법론

대학에서 지겹게 듣는 말 중 하나가 바로 '방법론'이다. '방법론'이란 무엇일까? 간단히 말해 '일을 처리하는 방법의 체계'다. 예를 들어 서울에서 부산까지 가는 방법을 생각해 보자. 비행기를 타고 가는 사람도 있을 것이고 자동차나 기차를 타고 가는 사람도 있을 것이다. 각 방법에는 장단점이 존재한다. 이와 마찬가지로 시험에서 '방법론'이란 바로 여러분의 답안 작성 전략이다. 따라서 글을 쓰는 사람이라면 알게 모르게 이미 '방법론'을 따르고 있는 셈이다.

어떤 글을 쓰든 방법론을 사용하지 않을 수는 없다. 이미 글을 쓰고 있는 이상 거기에는 특정한 '방법'이 있기 때문이다.

만약 자신이 어떤 방법으로 글을 쓰는지 잘 모르겠다면, 여기서 평소 글쓰기 습관을 돌아보는 기회를 가지자. 이런 질문을 던져보자. "나는 어떤 방식으로 글을 구성해 나가는가? 어떤 순서와 논리로 글을 전개해 나가는가?"

많은 경우 여러분이 글을 전개해 나간 방법은 "먼저 X를 다루고 그 다음에는 Y를 다루고……"와 같이 글의 시작에서 끝까지 하나의 줄기를 따라가는 '단선적인' 방식일 것이다. 이렇게 여러 가지 주제를 차례로 다루거나 대상의 여러 국면을 한 줄기로 나열하는 방식은 글의 각 부분 사이에 긴밀한 연관 관계가 부족한 초보적 글쓰기 방법이다. 비슷한 예로 대상의 장점과 단점, 찬성과 반대 의견을 나열하는 것도 그다지 세련된 방식이라 할 수 없다. 채점하는 사람의 눈길을 끌고 점수도 잘 받으려면 단순한 방법 이상의 뭔가가 필요하다.

따라서 이 장에서는 어떤 흐름을 따라갔는지 나중에 되돌아봐야 겨우 알 수 있는 주먹구구식 글쓰기에서 벗어나서, 스스로 의식할 수 있는 명시적인 방법으로 쓰는 방법을 소개한다. 먼저 시험 문제를 (1)인용부호를 사용하여 다른 글의 일부를 인용한 뒤 '논의하라' '묘사하라' 등의 '지시'를 내리는 유형과 (2)물음표로 끝나는 직접 의문문의 유형으로 나누어 글쓰기 방법론을 따로 다루겠다.

잠깐! 여기서 여러분에게 큰 도움이 될 질문 하나를 소개할까 한다. 이 질문이야말로 어떤 방법론을 택할지, 어떤 식으로 여러분의 글을 구조화할지에 대한 단서를 제공할 단순하고도 날카로운 그야말로 만능 질문이다. 그 질문이란……

"……를 어떻게 알 수 있을까?"

너무 싱겁게 느껴지는가? 여러분 앞에 기나긴 서술문이 놓여 있다고 치자. 먼저 이렇게 질문해보자. "이 서술이 사실인지 아닌지 어떻게 알 수 있을까?" 자, '사실'이라는 말은 '정확한' '유효한' '뒷받침하는 증거가 있는' '사실관계에 입각한' '탄탄한 가설에 기반을 둔' 등의 다른 말로 바꿀 수 있다.

이번에는 서술문이 아니라 의문문이 여러분을 기다리고 있다. 역시 우리의 만능 질문은 기대를 저버리지 않을 것이다. "이 질문의 답이 무엇인지 어떻게 알 수 있을까?" 그러고 나서 문장을 이렇게 바꾼다. "질문의 답을 찾으려면 어떻게 해야 할까?"

이 질문의 힘은 무엇보다도 어떻게 글을 전개해야 할지 찾아나가는 첫걸음이 된다는 데 있다. 촉박한 시험 시간에는 육감을 믿자 (물론 훈련되어 있다는 전제 하에).

"……를 어떻게 알 수 있을까?"라는 질문을 스스로에게 던졌을 때 가장 먼저 떠오르는 생각에서부터 실마리를 찾아나가자. 그 작은 출발점을 키우고 구체화시키는 것이 바로 '방법론'의 첫걸음이다.

이제 앞서 말했던 두 유형에 대한 설명으로 넘어가보자.

인용구+지시문 유형

얼핏 생각하기에 이런 유형의 문제를 다룰 때는 인용구 뒤에 따라오는 "~하시오"와 같은 지시문이 시키는 대로 답변하면 될 것 같다. 그러나 자세히 들여다보면 출제자가 바라는 바가 무엇인지 그다지 구체적이지 않을 때가 많다.

어떤 대상에 대해 "서술하라"고 지시했을 경우 (1)대상의 주요 속성을 나열하라는 지시일 수 있다. 이 경우 무엇이 '주요 속성'인지 판단하는 것이 우선일 것이다. (2)주요 속성뿐 아니라 그 속성들이 '주요' 속성이라고 생각하는 '이유'까지 제시하라는 지시일 수도 있다. (3)그 속성들이 어디에서 기인하는지, 서로 어떻게 연관되는지 등까지 모두 밝히라는 지시일 수도 있다. 그렇지만 세 가지 모두, 특히 (2)와 (3)의 경우 차근차근 생각하기는커녕 글쓰기에만도 한두시간은 족히 걸릴 분량이다.

그렇다면 이 중 어느 것으로 답안을 작성해야 할까? 앞서 그 능력을 입증해보인 만능 질문을 다시 던져 보자.

"대상의 주요 속성이 무엇인지 어떻게 알 수 있을까? 세부 사항은 어느 정도로 포함시켜야 할까?"

아마 98%쯤의 확률로, 어느 정도 세부 사항을 포함시켜야 하는지에 대한 실마리는 "서술하라"라는 지시문 자체가 아니라 지시문을 제외한 문제의 나머지 부분에서 얻을 수 있을 것이다. 간단한 예를 살펴보자. 지시문을 뺀 나머지 부분이 복잡하고 양이 많다면 당연히 (1)(2)(3)을 모두 포함시키기 어렵다. 이럴 때는 (1)의 내용만을, 그것도 아주 간단한 문장으로 정리해야 할 것이다. 나머지 부분을 읽고 뜻을 파악하는 데 시간이 많이 걸리기 때문이다. 문제의 나머지 부분을 보고 어디까지 포함시켜야 하는지 판단하라.

"서술하라" 다음으로 많이 출제되는 것이 "분석하라"는 지시문이다. '분석'하라는 지시는 (1)세부 사항을 다루거나 (2)각 부분으로 나누어 다루거나 (3)여러 가지 원인이 합쳐져 어떻게 특정 결과를 가져오는지 밝히라는 의미 일 것이다. 여기서도 아마 98%쯤의 확률로, "분석하라"는 지시문 자체보다는 분석 대상에서 답안을 어떻게 작성해야 할지에 대한 실마리를 얻을 수 있을 것이다.

"비교 및 대조하라"는 지시문은 (1)차이점과 유사점을 나열하거나 (2)비교의 기준을 세우고 적용하거나 (3)앞의 지시에 더하여 차이점과 유사점이 어떻게 생겨났는지를 밝히라는 의미 중 하나다. 앞서와 마찬가지로 비교와 대조의 대상이 어떤 속성을 가지느냐가 답안 내용을 결정할 것이다.

"설명하라"는 지시문은 (1)정확한 의미를 밝히거나 (2)어떤 사건이나 현상이 발생한 경위를 밝히거나 (3)여러 가지 원인이 합쳐져 어떻게 특정 결과를 가져오는지 밝히거나 (4)인물 또는 집단이 특정 양식으로 행동하는 원인을 밝히라는 의미 중 하나다. 이쯤

되면 실마리가 어디서 나올지 알 수 있을 것이다. "설명하라"는 지시문이 아니라 설명의 대상이 어떤 속성을 가지느냐가 답안 내용을 결정할 것이다.

"논하라" 또는 "비판적으로 논하라" "평가하라" "~에 동의하는지 밝혀라" 같은 지시문은 지시문 유형 중에서도 비교적 막연하고 출제자의 의도를 예측하기 힘든 축에 속한다. 따라서 질문에 포함된 진술을 따로 떼어낸 뒤 그 사실성이나 신뢰도를 파악하는 방법으로 찬성·반대, 비판이나 검증 등 답안의 방향을 결정해야 한다.

여기에서 주의해야 할 것이 있다. 출제자가 명확한 목적과 의도를 가지고 문제를 냈기 때문에 지시문의 유형에 따라 정해진 유형의 정답이 따로 있을 것이라고 생각한다면 오산이다. 황당하게도(그리고 허무하게도) "같은 지시문을 반복하면 보기에 좋지 않으니까" "단조로우니까" 등의 이유로 여러 가지 지시문을 섞어 사용하는 경우도 많다. 또 자신이 원하는 방향으로 학생을 유도하기보다는 막연히 각양각색의 답안을 보고 싶어 하는 교수님도 있다. 이 경우에도 지시문 자체에는 별 무게가 없다. 수학 공식처럼 지시문에 따라 구태의연하게 글을 쓰기보다는 학생이 얼마나 폭넓게 독서했는지, 해당 과목의 주제를 얼마나 깊이 있게 이해하는지, 답안을 얼마나 체계적으로 구성했는지가 평가 기준이 될 것이다.

직접 의문문 유형

학생에게 뭔가를 물어보는 '직접 의문문' 유형에도 숨은 지시가 있다. 바로 "이 질문에 답하라"는 것이다. 직접 의문문도 지시문과 마찬가지로 뜻을 파악해야 하는 것은 물론이다. 다행인 것은 앞서 나온 만능 질문 "……를 어떻게 알 수 있을까?"가 여기에도 여전히 적용된다는 것이다. "답이 무엇인지 어떻게 알 수 있을까?"라는 만능 질문을 만들어보자. 인용구+지시문 유형에서처럼 어떤 방법을 사용할지 결정하려면 시험 문제의 속성, 이를테면 '서술' 유형인지, '비교와 대조' 속성인지 등에 주목해야 한다. 즉 지시문과 질문 자체보다는 대상의 속성 분석에 집중해야 한다는 점에서는 인용구+지시문 유형과 직접 의문문 유형이 서로 같다고 할 수 있다.

따라서 이제부터는 직접 의문문과 인용구+지시문 유형의 구별 없이 시험 문제의 어법에 따라 분류하도록 하겠다. 다음 체크리스트 8에 인용구+지시문과 직접 의문문을 유형별로 나누어 어떤 방법을 사용해야 할지 함께 다루었다.

체크리스트 8 유형별 답안 작성법

시험 문제의 유형	어떤 방법을 사용해야 할까?
대상을 비교/대조 또는 서술하기를 요구하는 문제인가? 예 1) ~를 비교/대조하라. 예 2) 문화는 ~에서 가장 중요한 요소다. 이에 대하여 논하라.	문제에서 비교/대조를 직접적으로 요구한다면 어떤 기준에 따라 비교할지, 어떤 측면을 대조시킬지 분명히 밝히면 설득력 있는 답안을 작성할 수 있다. 이것이야말로 어떤 대상을 비교/대조하든지 항상 적용되는 원칙이다. 반대로 비교 기준이나 대조 측면을 밝히지 않고 단순히 유사점이나 차이점만을 나열한다면 좋은 점수를 받기 힘들다.

예 3) ~에 대한 ~는 어느 정도라고 할 수 있는가?	때로는 비교/대조하라는 출제자의 의도가 겉으로 드러나 있지 않을 수도 있다. "A는 ~에서 가장 중요한 요인이 되었다"라는 문장과 "A는 어느 정도로 ~라고 할 수 있는가?"라는 문장의 밑줄 친 부분을 살펴보자. 두 문장에는 "B나 C 등의 다른 요소보다 A가 더 중요하다"는 전제가 깔려 있다. 또 '중요한' '부수적인' '더욱' '가장' 등의 표현도 대상들의 비교를 은연중에 요구할 때 쓰인다.
이론이나 모형, 패러다임, 가설 등에 대해 평가하기를 요구하는가? 예 1) 연구자 X의 ~에 대한 가설은 어느 정도로 유용한가? 예 2) 현재의 ~에 대한 논의에서 어떤 이론 또는 관점이 가장 설득력을 가지는가? 예 3) 해석주의 패러다임과 기능주의 패러다임의 차이점을 ~와 관련하여 밝히시오. 예 4) 연구자 Y가 내세운 ~에 대한 개념을 비판적으로 논하라. 예 5) 연구자 Z의 ~에 대한 개념상 구분은 ~하는 데 크게 기여하였다. 이에 대하여 논하라.	이 경우 평가 대상의 '속성'을 도출하고 검증해야 한다. (1) **속성 도출하기** 개념이나 기초가 되는 가정(전제나 필요조건), 다양한 변형, 변형들 사이의 관계 등이 여기에 속한다. 왼쪽 칸의 다섯 가지 예문에서 보듯 출제자가 도출하기를 요구하는 속성은 실로 다양하다. 따라서 시험 문제에 사용된 단어나 표현을 주의 깊게 해석하고, 필요하다면 좀 더 쉬운 말로 바꿔 쓰는 것이 유용할 수도 있음을 명심하자. (2) **검증하기** 사실관계와 일치하는지, 내적 논리가 일관성을 갖는지, 다른 이론과 조화를 이루는지, 발생 가능한 결과를 예측하거나 현상의 해결책 모색에 얼마나 유용한지 밝히는 것이 여기에 속한다. 그러기 위해서는 "이 이론이 어떤 점을 밝혀내는가?" "우리에게 어떤 새로운 사실을 알려주는가?" "이미 알려진 사실을 새로운 언어

	로 해석하는 것 외에 어떤 장점을 갖는가?"와 같은 질문을 던져보자.

인과관계를 명확하게 밝혀 사건의 결과를 설명하기를 요구하는가? 여기에는 세 가지 유형이 있다.
 	
• 직접 의문문 유형
  − ~는 왜 ~하였는가?
  − ~에 대한 ~는 어느 정도라고 할 수 있는가?
  − ~는 어떤 조건 하에서 성립 가능한가?
  − ~는 어느 정도의 중요성을 갖는가?
  − 어떤 요소들이 ~의 변화를 가져왔는가?
 	
• 지시문 유형
  − ~를 설명하라.
  − ~를 밝혀라.
 	
• 직접 의문문이나 지시문 유형 속의 인과관계를 암시하는 단어나 표현
  − A는 ~의 원인이 되었다.
  − B는 ~의 산물 또는 결과물이다.
  − C는 ~의 기반을 다졌다.
  − ~한 것은 결코 우연이 아니었다.
	원인과 결과를 깔끔하게 정리해서 그 관계를 명백하게 밝히려 노력하자. 어떤 사건의 결과를 설명하는 방식은 여러 가지다. 평소 교수님이 어떤 설명 방식을 선호하는지 주의를 기울여야 한다.
	
	어떤 교수님은 가장 결정적인 요인 하나만을 중심으로 설명하는가 하면 여러 가지 요인을 복합적으로 다루기를 좋아하는 교수님도 있다. 이 부분이 확실치 않다면 단 하나의 원인만으로 벌어지는 사건이나 상황은 거의 없다는 사실을 명심하자. 그러므로 대개 원인이 되는 다음 요소들이 무엇인지 생각해보자.
	
	• 이전 상황(정치, 경제, 문화, 사회적 상황)
	• 발단이 되는 사건
	• 사건의 발생을 촉진하는 요소: 심리적 동기, 개인과 집단의 목표나 목적
	• 현상을 가능하게 하는 요소: 사용 가능한 자원이나 기회
	• 관련 집단의 구성과 절차(외교·정치·인구학·경제적 구성, 행정상·의사결정상 절차 등의 변화와 발전)
	• 구조(권력 구조, 법적 체계, 경제 체제, 사회 구조 등). 때로는 "~는 ~로 인해 발생했다"는 단순한 인과관계 이외에 "왜 X 대신 Y가 발

	생했을까?"라는 가정에서 출발하는 것도 좋은 방법이다. 대상의 인과관계를 정확하게 파악하고 있음을 더 효과적으로 보여주기 때문이다.
특정 연구자의 주장, 가설, 의견이나 쟁점에 대해 평가하기를 요구하는가? 예 1) ~와 같은 시각에 대하여 평하라. 예 2) ~에 동의하는가? 예 3) ~하기 위한 유일한 방법은 ~이다. 이에 대하여 논하라.	시험 문제에서 주장, 가설, 의견이나 쟁점을 '평가'하라는 것은 이들을 검증하고 필요하다면 반박하라는 뜻이다. • **증거 자료에 비추어 검증하기** 실험 및 관찰 자료와의 '일관성'을 검증할지, 직관적 추론(물론 전문 연구자의 추론)에 기반을 두어 '합당성'을 검증할지 방향을 분명하게 잡아야 한다. 연구자 자신이 내세우는 증거 자료와 대조하여 검증할 수도 있고, 반대 입장의 연구자나 다른 자료로 검증할 수도 있다. • **논리적으로 검증하기** 평가 대상의 내적 논리를 주의 깊게 살펴보자. 논리에 일관성이 있는가? 비약이 있지 않은가? 자신에게 유리한 증거만 끌어오지 않았는가? 선입견이 작용하지 않았는가? 또 연구자가 내린 결론이 자신이 처음에 설정한 가설이 아니라 실제 연구 결과에서 도출된 것인지도 검증해야 한다. • **반박하기** 다른 연구자(또는 교수님)가 반대 입장의 주장, 가설, 의견이나 쟁점을 내놓았는가? 어느 입장이 지지할 만한지 그 근거를 생각해 보자.

'현안과 대처 방안'에 관한 문제인가?	'~하라'와 같은 지시문에 주목하자. 시험 문제가 지시하는 행동이 '왜' 이루어져야 하는가? '문제와 대처 방안'을 다룰 때는 누구에게 문제가 되는지, 다른 대처 방안은 없는지, 각 대처 방안들의 한계는 무엇인지, 각 대처 방안들이 관련된 개인이나 집단에게 어떤 영향을 가져올지 생각해보자. 실제 이해 관계자의 입장에서, 그리고 직접 관련이 없는 제3자의 입장에서 각각 생각해보자. 때로는 시험 문제가 각 대처 방안에 대해 객관적인 판단과 예측뿐 아니라 자신의 가치판단이나 선호의 정도를 포함시키기를 요구할 때도 있다. 하지만 이때도 가치판단 자체보다는 사회적 맥락에서 각 대처 방안이 어떤 영향을 가져올지 설득력 있게 예측하는 것이 점수에 더 영향을 미친다는 사실을 명심하자. 가능하다면 문제와 관련된 통계 자료나 실제 사례를 포함시킨다면 더욱 훌륭한 답안이 될 것이다.
예 1) ~의 효과를 평가하라.	
예 2) ~의 목적·의도는 무엇이었으며, 얼마나 성취되었는가?	
예 3) 연구자 X는 ~에 대해 어떤 문제점을 보여주었는가?	
예 4) 연구자 X의 ~에 대한 연구의 장점과 보완해야 할 점은 무엇인가?	
예 5) 정부가 ~하게 된 배경은 무엇이며, 앞으로 정책 방향은 어떠해야 하는가?	
예 6) ~와 같은 정책은 대실패로 끝났다. 이에 대하여 논하라.	
상충하는 두 의견을 놓고 토론하기를 요구하는가?	각 의견의 요점을 정리한 후 순서대로 다루자. '찬성' 의견과 '반대' 의견으로 나누어 각각의 논지를 정리하는 방법이 가장 많이 쓰인다. "~일 경우에만 ~이다"와 같이 조건에 따라 달라지는 논지를 다룰 때는 특히 조심해야 한다. 각 조건에 대한 꼬리표를 다느라 자칫하면 답안이 논점에서 벗어날 위험이 있기 때문이다.

| 또 다른 질문이 숨어 있는 문제인가? | "B는 A의 결과다. 이에 대하여 논하라"와 같은 문제의 경우 숨겨진 또 다른 질문에 주의해야 한다. 여기에서 '논하라'는 것은 B가 사실은 A가 아니라 다른 원인의 결과인지에 대해서 논하라는 것일까? 아니면 A 말고도 B의 원인이 되는 다른 요소가 있는지 논하라는 것일까? 양쪽 가능성을 모두 열어놓고 생각하자. |

다양한 자료들, 어떻게 활용할까?

이전 장에서는 시험 문제의 유형에서 답안 작성에 사용할 방법을 도출하는 방법을 다루었다. 방법을 찾아냈으니 이제 실제로 적용할 차례다. 이 방법들이 적용되는 대상이 바로 '자료'다. 아무리 머릿속에 정보와 지식을 많이 담고 있더라도 답안의 정확성과 신뢰성을 더 끌어올리기 위해서는 외부 자료를 사용해야 한다. 직접 조사한 데이터, 다른 연구자의 연구 보고서, 책이나 논문 등의 관련 부분 등 자료의 유형은 여러 가지다. 다음 체크리스트 9에 이런 자료를 유형별로 나누어 어떻게 활용하는지 정리했다.

체크리스트 9 유형별 자료 활용법

자료의 종류	어떻게 활용해야 할까?
직접 조사한 자료, 실험·관찰로부터 도출된 정보·증거자료·데이터	대상에 관하여 현재까지 어떤 사실들이 알려져 있는지 생각해보자. 관련 자료 및 사실관계를 인용한 뒤 그 출처와 한계점도 함께 밝히는 것이 좋다.
사례연구, 연구 보고서 및 그로부터 연구자가 내린 결론	여러 연구 가운데 이 사례를 택한 이유를 밝혀야 한다. 답안 작성에 필요한 시간과 공간을 고려할 때 인용 자료의 '깊이'와 '넓이' 사이에서 타협해야 할 때도 있다. 예를 들어 여러 사례연구를 요점만 간략하게 다룰지, 한두 가지 사례연구를 깊게 다룰지 주의 깊게 결정하자.
서술적narrative(이야기체의) 또는 기술적descriptive(있는 그대로 설명하는) 고전 텍스트	유명한 고전의 일부분을 그대로 답안지에 옮겨 쓴다고 해서 점수를 잘 받는 것은 아니다. 출제자는 학생이 얼마나 원문을 잘 암기했는가가 아니라 고전 텍스트를 얼마나 깊이 있게 이해하고 그 요점을 잘 파악하고 있는지 보기를 원한다. 텍스트에서 여러분의 답안과 관련 있는 부분만을 골라 활용하자.
학술 자료 원문: 새로운 가설을 제시하거나 다른 이론에 대한 비평 또는 평가를 제공하는 글	주어진 글을 분석하여 요점을 도출하되 원문을 통째로 인용하기보다는 다른 문장으로 바꿔 쓰거나 몇 문장 정도로 요약하여 활용하자. 가장 핵심적인 요점은 답안을 작성할 때 무의식중에 참고할 수 있도록 머릿속에 잘 새겨 놓자.
학술지 기사: 특정 연구, 관련 학계의 일반적인 동향을 다루거나 현안 쟁점에 관한 기사 등	이런 자료는 다루는 범위가 매우 구체적이고 한정적이다. 간략하고 한정된 범위의 주제에만 활용하도록 하자.

수업을 위한 교과서나 2차 자료	교과서는 과목의 전체 모습을 파악하는 데에는 도움을 줄 수도 있으나 본격적인 자료로 보기에는 무리가 있다. 특히 교과서 내용을 그대로 옮겨놓거나 교과서 같은 문제로 답안을 작성하면 좋은 점수를 받을 수 없다. 다른 자료가 없을 때만 참고하자.
여러 가지 참고 자료: 판결문이나 법전, 연감, 사전 등 연구나 업무 수행에 필요한 자료를 모아 놓은 자료	수업에서(특히 전공 수업) 참고 자료를 계속 활용한다면 시험에서도 사용할 가능성이 높다. 시험을 볼 때 이런 자료를 사용할 수 있는지 아니면 그 일부를 복사물 형태로 제공하는지 반드시 알아두자(아마 시험 전에 공지가 있을 것이다). 내용 공부와는 별도로 찾는 내용이 어디 있는지 빠르게 찾아내는 능력도 중요하다. 평소부터 참고 자료를 자주 활용하며 익숙해져야 한다.
특정 주장을 옹호 또는 비판하는 글	시험 문제는 대개 이런 글을 어느 한쪽에 치우치지 않은 중립적인 위치에서 분석하고 비평하기를 요구한다. 이때는 글쓴이의 시점에서 또는 그 반대 시점에서 옹호하거나 비판의 의견을 내세워서는 안 된다. 특히 언어논리적인 차원으로 들어가서 구구절절 따지는 일은 피하자.
신문·잡지 기사, 사진 자료, TV나 라디오의 녹화·녹음 자료 등 '멀티미디어 자료'	사건이나 현상을 '보고'하는 기사(르포르타주)와 현상에 대한 '견해'를 표명하는 기사를 구분하도록 하자. 보도가 편파적이지 않은지, 사건의 일부만을 보여주고 있지 않은지 비판적으로 접근해야 한다.

답안 작성
계획 세우기

 어떤 자료를 활용할지, 어떤 방법론을 적용하여 답안을 작성할지 확신이 섰다면 이제 답안 작성 계획을 세울 차례다. 여기서 답안 작성 계획이란 여러분의 답안이 어떻게 구조화될지, 어떤 내용이 포함될지에 대한 개요다. 체크리스트 10에는 가장 일반적인 답안 구조와 포함되어야 할 내용이 나타나 있다. 다만 이것은 어디까지나 가장 일반적인 구조의 예시이기 때문에 답안에 적용할 때는 구체적인 목적에 맞게 내용을 더하거나 빼야 할 수도 있다.

 지금까지 다룬 방법론과 자료를 체크리스트 10의 구조에 맞추어 개요로 만들어보자. 두 단계로 나누어 연습하면 가장 효과적이다. 먼저 대략적인 단락 제목과 '•' '-'등의 기호로 '뼈대'를 만들어 보자. 그리고 각 단락과 소제목 밑에 세부사항을 점점 추가한다. 널찍한 종이에 개요를 짠 다음 생각날 때마다 화살표나 갖가지 도

형을 동원해서 아이디어를 추가하면 효과적이다. 번호를 매겨 대략적이나마 순서를 정하는 것도 잊지 말자. 이렇게 하는 이유는 논리 전개, 특히 결론으로 향하는 흐름을 시각적인 그림으로 나타내면 답안의 전체적인 방향이 머릿속에 각인되기 때문이다. 또 관련 요소들을 한눈에 봄으로써 무엇을 추가하고 빼야 할지도 알 수 있게 된다.

체크리스트 10 답안 개요와 단계별 세부사항

단계	세부사항
서론	• **논의의 배경·맥락** 논의가 시작된 지점이나 이론적 배경을 간략하게 소개하면서 답안을 시작하는 것이 좋다. 주제와의 연관성이 충분하며 적절하다는 확신만 있다면(즉 출제자인 교수님 자신도 종종 같은 방법을 사용한다면) 기존 연구를 살짝 인용해도 좋다. • **시험 문제의 해석** 체크리스트 7을 다시 보자. 시험 문제 중 불분명한 용어나 일상적인 용어를 어떻게 분명한 학술어로 해석하였는지, 용어의 여러 가지 의미 중 무엇을 선택했는지 밝힌다. 표현 중 모호하거나 근거가 불충분한 부분은 어떻게 보완할지도 언급한다. 또 '숨은' 질문을 여기에서 미리 드러내 논의의 대상으로 삼는다. • **방법론** "필자는 ~하고자 한다(1인칭 주어를 사용할 수 없는 경우 "이 논의는 ~할 것이다")"라는 문장으로 어떻게 논의를 진행할지 간략하게 밝힌다. 보통 한두 문장이면 충분하나 새롭고 생소한 방법에 대하여 추가 설명이 필요하다고 생각되면 그 방법이 무엇이며 구체적으로 어떤 행위를 가리키는지 좀 더 자세하게 언급해도 좋다.

	• **대상 자료** 방법론을 충분히 언급했다면 논의에 사용할 자료가 무엇이며 왜 사용하였는지 밝힐 차례다. 여러 형태의 자료 중 일부만 사용하였다면 그 선택 기준이 무엇인지 밝혀야 한다(체크리스트 9를 다시 보자). • **다음 단락들에 대한 대략적인 언급** 서론 끝부분에 다음 단락들에 어떤 내용이 포함될지 간략히 언급한다. 어떤 교수님들은 서론에서 결론까지 간략하게 언급하기를 좋아한다. 이 경우 "~와 같이 결론 맺어질·나타날·입증될 것이다"와 같은 표현을 사용하면 무리가 없다.
발견점, 추론·분석 과정 및 그 결과	• '발견점'은 자료에서 찾아낸 그대로를 말한다. • '추론·분석 과정'은 방법론을 자료에 적용하는 과정을 말한다. 예: 신문 기사(자료)를 비교/대조(방법)하기. • '결과'는 방법론을 자료에 적용하여 얻어낸 것을 말한다. 여러분이 이 '결과'에 이르는 과정이 바로 글의 핵심이다.
논의할 점	논의의 결과가 여러 갈래로 나뉜다면 또는 핵심이 분명하지 않다면 '논의할 점' 단락에서 한 줄기로 굳힐 필요가 있다. 크게 세 가지 내용을 포함시키자. • **결과의 시사점** 이 부분에는 (1)논의 과정에서 도달한 가치판단(장점과 단점) (2)참고 자료에서 접한 이론이나 개념 등에 대한 개인적 판단 (3)결과의 중요성, 예를 들어 해당 분야에서의 발전 가능성, 추후 연구나 정책 결정·실행 과정에 대한 적용 가능성 등이 해당한다. 만약 시험 문제가 주어진 진술에 대하여 논하라고 요구하는 유형이라면 어떤 조건 하에 주어진 진술이 효력이 있는지(즉 사실인지) 밝히고 그에 따른 한계점이나 반대 조건을 함께 언급하도록 하자("~일 때만" 등의 표현을 사용하면 된다).

	- **결과의 타당성** 결과의 신뢰성을 얼마나 보장할 수 있는가? 도출한 결과는 어느 정도로 보편성을 갖는가? 다른 영역에도 일반화시켜 적용할 수 있는가? - **과정상의 문제점** 방법론과 관련하여, 선택한 방법을 자료에 적용하는 과정에서 부딪힌 어떤 애로사항이나 한계점을 애써 숨기려 할 필요는 없다. 어떤 애로사항과 한계점이 있었는지 밝히고 결과의 타당성에 어떤 점을 보여주는지 제시한다(예를 들어 "~를 해결하면 더욱 신뢰할 수 있는 결과를 얻을 수 있을 것이다").
결론	- **논의를 되도록 간결하게 요약한다** 읽는 사람을 위해, 여러 갈래로 나뉘어 있던 논리를 하나로 정리한다. 부수적인 요소는 생략하고 핵심 요점만 열거한다. 앞의 내용을 그대로 반복하면(많은 학생들이 실수하듯이) 오히려 감점 요인이 된다. - **논의의 시작점으로 돌아간다** 시험 문제에서 묻는 내용 또는 논의를 시작할 때 세운 관점이나 가설에 대한 답을 한두 문장으로 정리한다.

주의할 점

'서론'이나 '논의할 점' '결론' 등의 단락 제목은 실제 답안에도 그대로 사용할 수 있다. 하지만 '발견점' '추론·분석 과정' '결과'는 지나치게 일반적이고 구체적이지 못하므로 여러분의 답안 주제와 방법론, 자료에 맞는 고유의 단락 제목을 사용하자. 예를 들어 '동아시아 3국의 수도'에 관한 답안이라면 서울, 베이징, 도쿄를, '일제강점기의 시인'에 관한 답안이라면 한용운, 김소월, 윤동주 등 고유의 단어가 단락 제목에 언급되어야 할 것이다. 그러나 사실관계에 관한 정보를 먼저 제시하고 분석하는 형식의 글이라면 '주요 특징' 다음 단락에는 '분석'과 같은 제목을 그대로 붙여도 상관없다.

개요가 대부분 그렇듯 답안 작성 계획은 다듬어지지 않은 초안에서부터 최종본에 이르기까지 여러 차례 수정을 거친다. 그러므로 처음부터 완벽한 개요를 짜는 데 너무 골몰할 필요는 없다. 초안은 간략하되 발전 가능성이 충분하기만 하면 된다. 어떻게 고쳐 나갈지는 초안을 작성하면서 충분히 생각할 수 있을 것이다. 게다가 답안 작성 계획을 짜는 훈련을 충분히 거치면, 점점 초안의 완성도가 높아지는 반면 초안에서 만족할 만한 최종본에 이르기까지 고쳐 쓰는 횟수는 줄어드는 것을 스스로 느끼게 될 것이다.

마지막으로, 답안 작성 계획을 세우고 예상 답안을 만드는 과정이 어떻게 도움이 되는지 짚고 넘어가자. 많은 학생들을 지켜본 결과, 이런 시험 준비 과정은 시험 성적뿐 아니라 학습 전반적으로도 큰 도움이 된다는 결론을 얻었다. 이런 식으로 생각해보자. 여러분이 얻어야 하는 지식은 땅 속 깊이 묻힌 광맥과 같다. 이 광맥을 찾으려면 일정 깊이 이상 파야 한다. 그러나 광맥을 찾기 위해 땅을 모두 파낼 필요는 없다. 시험에 나올 것으로 예상되는 몇몇 문제에 대비하면서 처음에는 넓은 지식의 영역 중 극히 일부에 '시추공을 뚫어' 광맥을 탐색하면 된다. 그러다가 여기저기 시추공을 점점 더 많이 파다보면 광맥의 모양을 대강이나마 짐작할 수 있게 된다. 광맥의 모양을 알기 위해서 지식의 영역 전체를 파낼 필요는 없다(그러고 싶어도 현실적으로 불가능하다. 도서관의 책을 몽땅 읽거나 날마다 발행되는 신문을 죄다 읽을 수 있을까?). 대신 필요한 지점에만 전략적으로 시추공을 파면 효과적으로 많은 지식을 '캐낼' 수 있다. 지질학자들이 그러듯이, 이 시추공으로 대상의 구조를 파악하고 지식의 층위와 이론적 토대 등을 짐작할 수 있다. 그 모든 것만큼이나 중요한 것은, 시간이 흐르면서 점차 어디에 시추공을 파면 더 효과적일지 감각이 생긴다는 사실이다. 답안 작성 계획을 세우고 예상 답안을 만드는 과정은 이렇게 지식의 광맥에 도달하기 위해 시추공을 파는 일이다. 이제 여러분이 지금 하는 수고가 얼마나 중요한지 알 수 있을 것이다.

또 다른 접근법: '질문 종합선물세트'

앞서 우리는 미리 정해진 개요 형식에 따라 답안 계획을 작성하는 접근법을 취했다. 여기서 소개할 또 다른 접근법은 시험 문제를 여러 개의 구체적인 질문으로 바꾼 뒤 그에 대한 답변들로 답안을 작성해나가는 방법이다. 쉽게 이해하기 위해 예를 살펴보자.

"빈곤 구제 정책은 성공할 수 없다. 이에 대하여 논하라"라는 시험 문제가 출제됐다고 하자. 이렇게 얼핏 보아 짧고 간단한 시험 문제는 상대적으로 가진 것이 적은 상태에서 답안을 구성해야 하기 때문에 길고 자세한 시험 문제보다 오히려 답하기 어렵다. 어쨌든 어떤 질문을 만들어낼 수 있을지 생각해 보자.

- '빈곤'의 정의는 무엇인가?
- '빈곤 구제 정책'이 가리키는 대상은 구체적으로 무엇인가?

- '성공'의 기준은 무엇인가(예를 들어 '결과가 최초 의도에 부합하는 상태'인가)?
- 답안의 범위를 지리적으로(예를 들어 특정 장소나 지역, 국가로) 한정해야 할까?
- 어떤 사례연구를 예로 들 수 있을까?
- 빈곤 구제 정책이 어떤 형태(정책 입안자의 목표·입안 절차·실행을 위한 자원의 배분 등)로 이루어졌는지 알아보기 위해 어떤 정보를 사용할 수 있을까?
- 정책 입안자들의 실제 목표와 의도는 무엇이었는가?
- 정책이 어떻게 실행되었는가?
- 정책의 결과는 어떠하였는가?
- 정책의 결과가 최초 의도와 부합하였는가?
- 특정 사례가 다른 사례보다 더욱 성공적이었는가?
- 성공·실패 사례의 원인을 어떻게 설명할 수 있을까(자원의 부족, 추진력과 지지 세력의 부족, 실행 과정에 영향을 미친 지역적 특성 등)?
- 위의 원인 중 어느 것을 보편적인 장애요소로 분류할 수 있을까?
- 어떤 조건이나 환경 아래에서 위의 장애요소들이 더 적게 영향을 미치거나 제거될 수 있을까?
- 이 정책이 보여주는 바는 무엇인가?

위와 같이 단 하나의 질문에 불과했던 시험 문제가 무려 15개의 '하위 질문'으로 나누어졌다. 이 질문에 대한 답을 한데 모으면 원래 시험 문제의 답안을 만들 수 있다. 일단 하위 질문만 도출할 수 있다면 그 다음부터는 답안이 저절로 술술 풀리는 것이다!

또 질문 자체를 모아서 깔끔한 도입부를 꾸밀 수도 있다. 다음을 살펴보자.

최근 서구 여러 국가들은 국제기구와의 협력 아래 자국뿐 아니라 이른바 제3세계 국가들의 빈곤을 해결하기 위해 여러 가지 빈곤 구제 정책을 채택했다. 여기에서는 먼저 "빈곤 구제 정책은 결코 성공할 수 없다"라는 명제를 개념적으로 검증한 뒤 세계 각국의 빈곤 구제 정책의 사례를 들어 그 바탕이 되는 각국의 목표, 구체적인 정책 내용과 그에 따른 결과를 분석하려고 한다. 이런 과정을 거쳐 대상이 된 일부·다수의·대부분의 사례에서 빈곤 구제 정책의 목표가 국민 일반의 요구에 부합하지 못했음을 보일 것이다. 그에 따라 이러한 실패의 원인을 분석·논의하고 본 연구가 앞으로의 빈곤 구제 정책에 드러내는 바를 보이고자 한다.

답안의 초안을 작성한 뒤 살펴보면 어떤 하위 질문들은 답을 찾을 수 없다는 사실을 깨달을 것이다. 하지만 걱정하지 말자. 그럼으로써 여러분은 자신의 지식에 메워야 할 빈 공간이 있다는 것을 알게 된 것이다. 수업 자료나 필기에서 빈 공간을 메울 정보를 찾아보자. 지금 가지고 있는 자료에서 찾을 수 없더라도 걱정할 필요 없다. 여러분은 교수님이나 동료 학생들조차도 알아차리지 못한 지식의 빈틈을 발견해낸 것이니까. 인터넷이나 각종 참고 자료를 뒤져서 빈 공간을 메우자. 운 좋게 그 정보를 이번 시험에 써먹는다면 여러분은 자신만의 비밀무기를 하나 가진 셈이다.

주의사항 몇 가지. 우선 적절한 인용부호, 예를 들어 "(홍길동, 1992)" 같은 표기로 인용하는 자료의 출처를 꼭 언급해야 한다. 또 실제 시험 답안을 작성할 때 하위 질문들을 그대로 소제목으로 사용하면 원래의 시험 문제를 너무 단순하게 만들 수 있으므로 되도록 변형시키자. 게다가 소제목이 15개씩이나 된다면 시험 답안치고는 너무 많다. 단락별 소제목은 5~6개 정도가 적당하다.

좋은 서론이
좋은 답안을 만든다

글에서 서론은 우주선 발사대와 같다. 서론 단계에서 출발이 훌륭하면 전반적인 글이 훌륭할 가능성도 높다. 또한 독자(시험 답안의 경우 점수를 부여하는 채점자)에게서도 좋은 반응을 이끌어낼 수 있다. 서론은 글 전체를 한눈에 보여주는 표지판이다. 경우에 따라 다르지만 채점자들은 적게는 수십 장, 많게는 수천 장에 이르는 답안의 점수를 결정해야 한다. 그 많은 답안 중에서 채점자의 시선을 잡아끄는 가장 좋은 방법은 글의 '얼굴'이라고 할 수 있는 서론을 훌륭하게 구성하는 것이다.

서론에서는 대개 글의 요점을 간략하게 정리하여 독자 앞에 펼쳐놓는다. 이 요점이 일목요연하게 정리되어 있다면 독자는 글이 매우 체계적이고 조직화되어 있다는 인상을 받을 것이다. 반대로 특별한 체계 없이 곧바로 주제 속으로 '텀벙 뛰어드는' 답안은 좋은 인상도, 좋은 점수도 얻기 힘들 것이다.

    자, 그러면 어떻게 하면 서론을 일목요연하게 쓸 수 있을까? 앞의 83쪽 체크리스트 10에서 다루었던 답안 작성 계획의 '서론' 부분을 다시 읽어보자. 우리는 서론에 (1)논의의 배경·맥락 (2)시험 문제의 해석 (3)방법론 (4)대상 자료 (5)다음 단락들에 대한 대략적인 언급 등 크게 다섯 가지 내용이 포함된다는 사실을 살펴보았다. 대부분 이 다섯 가지가 기본이지만, 경우에 따라 이것들을 모두 포함시킬 필요는 없다. 예를 들어 '논의의 배경·맥락'의 경우 생략할 수도 있다. 아니면 시험 문제가 누구나 해석 가능한 나머지 해석 단락이 따로 필요 없을 수도 있다. 더군다나 위의 순서는 교수님이 어떤 요소를 중요하게 생각하고 평가하는지에 따라 얼마든지 바꿀 수 있다. 이것은 전적으로 개인 스타일에 달린 문제다. 어떤 교수님은 "이 답안에서는 ~라는 논지를 펴고자 한다(즉, 결론에 대한 대략적인 언급)"로 시작하는 답안을 선호하는가 하면, 다른 교수님은 "이 답안에서는 ~를 분석하고자 한다(즉, 분석대상에 대한 언급)"를 더 높이 평가하기도 한다.

    따라서 서론을 시작하는 방법을 여러 가지로 익혀야 한다. 지금까지 만든 답안 작성 계획의 서론 부분을 새로운 관점으로 돌아보자. 어떤 내용이 포함되든 언제든지 순서를 바꿔 다양한 방법으로 서론의 첫 문장을 시작할 수 있어야 한다. 다음은 서론을 시작하는 몇 가지 표현의 예다.

- 본 답안에서는 두 가지 사례(셋 이상일 수도 있다)로 ~라는 가설을 검증하려 한다.
- (현상을 예로 든 뒤) 이 현상에 대한 합당한 설명을 구하기 위해서는 다음과 같은 요소들을 고찰하고 그들 사이의 관계를 규명해야 한다.
- A(개인이나 집단)의 행태를 이해하기 위해서는 그 지배 동기와 사용 가능한 자원 그리고 그 자원을 특정 방향으로 활용할 선택항들을 분석해야 한다.
- B(연구자)의 이론에 대해 최근 C와 D, E 등이 반론을 제기한 바 있다. 이 반론의 유효성을 검증하기 위해서는 ~해야 한다.
- (현상을 예로 든 뒤) ~의 ~에 대한 영향력을 측정하기 위해서는 ~의 과정에서 어떤 역할을 수행하는지 고찰해야 한다.
- (용어나 개념을 예로 든 뒤) ~에 대한 정의는 연구자마다 엇갈린다. 본 답안에서는 ~와 ~의 차이점을 가장 명쾌하게 제공하는 F(연구자)의 정의를 채택하고자 한다.
- (용어나 개념을 예로 든 뒤) ~는 지나치게 일반적이기 때문에 과학적·기술적 분석 용어로 보기 어렵다. 따라서 본 답안에서는 ~을 ~와 같이 분명하게 정의하고자 한다.
- G(정책의 예)가 효과적이었는지 아닌지는 가치판단의 범위에 속한다. 본 답안에서는 다양한 집단에 대한 G의 효과를 고려하여 집단 간 이익의 총량과 손실의 총량을 비교하고 이를 통해 필자 주관적인 가치판단을 실시하고자 한다.
- H(학술적 주제)에 관해서는 그간 연구와 저작이 많이 있어 왔다. 이 주

제에 관한 연구자들의 접근은 광범위한 시각에서 이루어져 왔다. 예를 들어…….
- 지난 몇 년 동안 정부가 ~와 같은 정책을 취해야 하는지 논란이 있어 왔다. I(연구자)는 이에 대해 ~와 같이 주장했다.
- J(학술적 주제)의 유래는 ~로 거슬러 올라간다.

여러분의 교수님은 어떤 표현을 선호할까? 교수님마다 선호하는 유형은 모두 다르다. 학부나 대학원 과정에서는 교수님과 학생 사이의 소통이 거의 시험이나 과제물로 이루어지므로 여기에서 실마리를 찾아야 할 것이다. 평소에 교수님이 어떤 표현으로 수업을 진행하는지 또는 어떻게 책이나 교재를 집필하는지 주목하자. 그 과목의 참고 자료는 주로 어떤 표현을 사용하는지도 유용한 단서다. 가장 분명한 방법을 여기에 소개한다.

답안 작성 계획에 따라 여러분의 예상 답안에 맞는 시작 표현을 네 개쯤 써보자(한 몸에 맞는 머리를 네 개 만드는 셈이다). 시작하는 문장이 다르므로 아마 서론 이후의 단락들도 약간씩 변형시켜야 할 것이다. 그런 다음 네 가지 샘플을 답안 작성 계획과 함께 교수님께 보여드리며 어느 유형이 가장 자연스럽고 적합할지, 그 이유는 무엇인지 여쭤보자.

교수님이 한 샘플의 손을 들어주신다면 나머지 샘플에 혹시 빼먹은 내용이나 틀린 내용이 없는지도 여쭤보자. 필요하다면 교수님이 지적한 부분을 고쳐서 다시 보여드리고 평가받을 수 있는지도 질문하자. 이렇게 하기에 가장 좋은 시간은 교수님들이 따로 정해놓게 마련인 학생 면담 시간office hour과 시험 직전의 질문 시간이다. 글을 잘 쓰는 동료 학생에게 어떻게 글을 시작해서 나머지 단락으로 자연스럽게 넘어가는지 물어보거나 그의 글을 읽어보는 것도 큰 도움이 된다(요즘에는 우수한 리포트를 모아 참고 자료로 발간하는 대학도 많다. 이러한 '우수 리포트 모음'은 글쓰기에 도움이 될 뿐 아니라 다른 학과 전공의 모습을 엿볼 수 있는 재미있는 기회를 제공하기도 하므로 꼭 구해서 읽어보자- 역자 주).

이제 주의사항을 알아보자. 글을 시작할 방법을 궁리하다보면 책을 읽다가 기억해두었던 인용구로 글을 시작하고픈 생각이 들 때가 있다. 실제로 많은 작가나 연구자가 이 방법을 사용하기도 한다. 그러나 여러분이 쓰는 글은 문학 작품이나 연구 보고서가 아니다. 여러분은 시험 문제가 설정한 구체적이고 한정적인 범위에 대해서 글을 쓰는 것이다. 따라서 시험 답안을 인용구로 시작하는 것은 때로 위험하다. 자칫하면 시험 문제가 인용구가 설정한 범위에 갇힐 위험이 크기 때문이다. 시험 문제가 묻는 범위와 완벽하게 맞아떨어지는 인용구를 찾기란 그리 쉽지 않다. 그러므로 시험 문제와 완벽하게 맞아떨어진다는 확신이 들기 전에는 인용구로 답안을 시작하는 것은 피하자.

'주장'과 '추론' 무엇이 다를까?

어떤 교수님은 담당 과목을 '주장'의 집합으로 생각한다. 당연히 이런 교수님은 '주장'과 '주장하다'라는 표현을 수업과 저서에서 많이 사용한다. 여러분은 "나는 이 강의로 ~라는 주장을 펼치려고 한다" "연구자 누구누구는 ~라고 주장했다" "여기서 내가 주장하고 싶은 바는……" 등의 말을 수없이 읽고 듣게 될 것이다.

실망스럽게도 지금까지 이야기를 나눈 학생 중 누구도 자신의 교수님으로부터 "우리 전공에서는 주로 이러이러한 방법으로 주장을 구성한다" 또는 "주장을 펼칠 때는 이러이러한 방법을 사용해야 한다"라는 가르침을 받은 적이 없었다. 즉 학생들은 답안을 쓸 때 어떻게 주장을 구성해야 할지 전혀 모른 채 '주장'을 하고 결론을 내리는 것이다.

왜 이런 현상이 벌어질까? 교수님들은 에세이 과제나 시험 문제를 낼 때 "주장이 분명한 글(또는 답안)이 좋은 점수를 받을 것"이라고 말한다. 그러나 학생들이 마주치는 것은 "~는 왜 ~하였는가?"와 같은 '직접 의문문' 형태의 에세이 주제나 시험 문제다. 일반적으로 '주장'은 '질문에 대한 답변'이 아니다. 그렇기 때문에 학생들이 혼란스러워하는 것이다.

대개 직접 의문문에 답하는 것은 주어진 질문으로부터 답에 이르는 추론 과정을 따라가는 과정이다. 즉 여러분이 가지고 있는 '자료'에 '방법론'을 적용하고, 여기에 논리적 추론을 적용하여 결론을 내린다. 이 결론이 질문에 대한 답이 되는 것이다. 그런데 주장을 펼치려면 전혀 다른 과정을 따라가야 한다. 대개 주장에서는 '답' 즉 결론이 가장 먼저 제시된다. 다음에는 그 결론을 뒷받침하는 근거가 따라온다. 정리하면, 질문에 답할 때는 결론이 가장 나중에 나오는 반면 주장을 펼칠 때는 결론이 가장 앞에 나온다. 따라서 질문을 접한 학생들이 주장을 펼쳐야 할 때 혼란스러워하는 것도 무리가 아니다.

더군다나 주장을 펼치기 위해 글 앞부분에 결론을 먼저 제시하고 나면 결론을 뒷받침하는 증거만 제시하고 뒷받침하지 않거나 반대되는 증거는 무시하고픈 생각이 들 것이다. 그러나 개인적인 생각으로는 "본 답안에서는 ~라는 주장을 검증·고찰하고자 한다"와 같이 가능한 중립적인 위치를 지키는 편이 낫다.

때로는 '뚜렷한' 또는 '강한' 주장을 높게 평가한다고 선언하는 교수님 중에 '주장'이라는 단어를 '입장 표명'이라는 의미로 사용하는 분들이 있다. 이런 분들에게 '주장한다'는 행위는 특정 입장을 옹호하는 것이며 여러분의 관점이 옳음을 다른 사람에게 설득하는 행위다. 마치 변호사나 검사가 되어 재판에서 승소하려고 노력하는 것과 같다. 그러므로 이 분들이 말하는 '뚜렷한' 또는 '강한' 주장은 설득력과 호소력을 가지는 주장이다. 만약 여러분의 교수님이 이런 유형이라면 답안을 "본 답안은 ~의 입장에서 ~와 같이 주장하고자 한다"처럼 분명한 입장 표명으로 시작한 뒤 그 주장을 뒷받침할 강력한 근거를 내세우는 것이 좋다.

그러나 앞서 예로 든 것처럼 '주장'을 요구하면서 직접 의문문 형태로 시험 문제를 내는 교수님이라면 83쪽 체크리스트 10의 답안 작성 계획을 그대로 사용해서 차근차근 주장을 전개한 뒤 마지막에 "따라서 ~와 같은 결론을 얻을 수 있다"와 같이 끝맺음하는 편이 낫다. 이렇게 평범하지만 안전한 방법은 '강력한 주장'을 원하거나 심지어 어느 쪽을 선호하는지 분명하지 않은 교수님이라도 만족시킬 수 있을 것이다.

답안 작성에 관한
몇 가지 도움말

대개 두세 시간짜리 시험에는 문제 2~3개가 출제된다. 때로는 4~5개가 출제될 때도 있지만 이때는 학생에게 "1번에 답한 뒤 2, 3번과 4, 5번 중 하나씩 선택하여 총 3문제에 대한 답안을 작성하시오"와 같이 선택권이 주어지는 것이 보통이다.

1. 어떤 문제를 고를 때 문제가 길다고 해서 겁먹지 말자

긴 문제일수록 답안을 어떻게 구조화할지 또는 어떻게 논의를 진행시킬지에 대한 단서를 상대적으로 많이 제공하기 때문이다. 반대로 문제가 짧으면 여러분이 해야 할 일은 그만큼 늘어난다.

2. 기존 연구와 그 결과를 늘어놓느라 시간과 답안지 공간을 낭비하지 말자

중요한 것은 여러분의 연구이지 이전 연구가 아니다. 시험 문제가 특별히 다른 사람의 연구에 대해 물어보지 않는 이상 몇 문장 정도의 요약으로 충분하다.

3. 항상 공평한 자세를 유지하자
문제에서 두 입장을 제시할 때는 어느 한쪽을 지지하더라도 양쪽 모두에 대해 잘 알고 있음을 보여야 한다. 여러분이 어떤 정치적 성향을 띠는지는 점수에 영향을 미치지 않는다. 그러나 논리적 분석이나 이성적 비판이 편향적 비난으로 변질되면 안 된다.

4. 여러 번 말하지만 답안은 시험 문제에서 묻는 내용을 정확하게 답해야 한다
특히 여러분이 예전에 에세이나 보고서로 다룬 적이 있는 대상이 문제에 나왔을 때 조심하자. 잘 아는 대상이 나와서 기쁜 나머지 또는 열심히 외운 나머지 그 내용이 머릿속에 남아 있기 때문에 자칫 시험 문제의 논점에서 벗어나기 쉽다(대학 시험은 기억력 테스트가 아니다!). 여러분의 답안은 눈앞의 시험 문제에 관한 답변이어야지 '예전에 본 적이 있는 비슷한 다른 문제'에 관한 것이어서는 안 된다.

5. X라는 주제에 관한 문제는 여러분이 X에 대해 아는 모든 것을 쓰라는 의미가 '절대로' 아니다.

6. 어떤 용어나 개념을 길게 설명하는 것은 피하자
설명 자체는 채점자에게 그다지 흥미로운 대상이 아니다(때로는 교수님 자신이 수업시간에 했던 설명이니까). 설명은 여러분이 논의에 필요한 기초적인 사실관계를 알고 있다는 정도로 충분하다. 대신 채점자가 눈여겨보는 것은 여러분이 그 용어나 개념을 사용해서 어떻게 논의하느냐다.

7. 시험 문제의 표현을 꼬투리 잡아 반문하지 말자
시험은 출제자의 질문에 학생이 답하는 것이지 학생의 질문에 출제자가 답하는 것이 아니다. 여러분은 질문이 아니라 답안을 내놓아야 한다.

8. 인용과 참고문헌에 관하여
시험장에서 모든 것을 해결해야 하는 시험 답안에서는 장소 제한이 없는 에세이나 연구 보고서에서처럼 엄격한 인용 양식을 준수할 필요는 없다. 하지만 되도록 기본적인 출처 정도는 밝히도록 하자. "홍길동(1992)"이나 "김철수의 연구에서……" "박영희와 이민수는 최근의 보고서에서……"와 같이 밝히면 채점자에게 좋은 인상을 줄 수 있다. 단, 정확하지 못하면 차라리 밝히지 않느니만 못하다. 출처가 정확하다는 확신이 들 때만 이렇게 하자.

9. 답안에 '추측'을 포함시킬 때는 주의하자
미래에 대한 예측으로 추가 점수를 얻는 경우는 드물다. 물론 과거 사실이나 최근 동향을 근거 삼아 미래 모습을 추측할 수는 있지만 이것은 답안의 본론이 아니라 마지막 부분에 간략히 들어갈 정도에 불과하다. 특별히 미래에 대한 예측을 묻는 문제이거나 그런 내용을 포함시키라는 문제가 아니면 답안에서 함부로 추측하지 않는 편이 낫다.

10. 답변이 관련 내용을 총망라할 필요는 없다

어떤 시험 문제는 너무 거창한 나머지 시험 문제라기보다는 책이나 학위논문의 주제로 더 어울릴 때도 있다. 여러 관련 자료 중 일부만을 선택하여 논의의 범위를 한정짓되 그렇게 하는 이유가 지식이 부족해서가 아니라 논의의 질을 보장하기 위해서임을 보일 필요가 있다. 사실 잘난 척한다는 인상을 주지 않으면서 많은 것을 알고 있다는 것을 보이는 방법이야말로 서술형 시험에 가장 필요한 기술의 하나다.

11. 피해야 할 표현들

교수님이 괜찮다고 해도, 누가 봐도 문제없는 답안을 쓰기 위해서는 "내가 생각하기에"와 같은 개인적인 표현을 피하는 것이 좋다. '분명히'라는 표현도 피해야 한다. 어떤 사실이 정말로 '분명'하다면 '분명히'라는 말을 따로 쓸 필요가 없을 것이다. '분명히'라는 말을 쓰면 주장을 뒷받침할 만한 근거가 부족하기 때문에 억지를 부린다는 인상을 주기 쉽다. 무엇보다도 이런 표현들을 자주 쓰는 습관이 들면 근거 자체에는 소홀해지게 된다. '생각하기에'라는 표현을 쓰고 싶은 마음이 들 때마다 "나는 이렇게 생각할 만한 근거를 가지고 있는가?"라는 질문을 스스로에게 던져 보자. 물론 글은 생각한 내용으로부터 나오고, 대상에 대한 개인적인 판단에 근거한다. 하지만 시험 답안에서는 "내가 생각하기에"나 "분명히"라는 표현보다는 "이러한 근거에 비추어 볼 때 필자는 ~라는 결론을 내렸다"라는 표현이 적절하다.

12. 비인칭 주어를 너무 많이 사용하지 말자

자칫 '진짜' 주체를 잊을 수도 있다. 예를 들어 "비용 대 효과 분석이 목표하는 바는……"과 같은 표현에서, 목표의 주체는 비용 대 효과 분석을 실시하는 "사람"들이지, 분석 자체가 아니다. 마찬가지로, 어떤 이론이나 방법이 제대로 적용되지 않거나 잘못된 전제를 깔고 있어서 원하는 결과를 나타내지 못했을 때 비판하는 것은 '사람'이지 반대 이론 자체가 아니다. 따라서 "이 사실이 비판하는 바는"과 같은 표현보다는 "~가 이 사실을 근거로 비판하는 바는"와 같은 표현이 사실을 더 잘 반영한다고 할 수 있다.

또 '이유'나 '의미' 등의 표현을 잘못 쓰거나 남발하지 않도록 주의해야 한다. 예를 들어 '지구가 태양 주위를 도는 이유'나 '지구 온난화의 의미는 해수면이 높아지는 것'과 같은 표현은 조금만 생각해 보면 어색한 구석을 발견할 수 있을 것이다.

13. 일상적인 말투는 피한다

이 책에서는 독자의 편의를 위해 최대한 일상적인 말투로 쉽고 자세하게 설명하려 했다. 그렇다고 해서 이 책의 글쓰기 스타일을 그대로 시험 답안에 적용시켜서는 곤란하다. 일단 '쉬운' 설명은 자칫 막연한 설명이 되기 쉬운데다가 일상적인 어투는 학술적으로 엄밀하지 못하거나 심지어 빈약한 내용을 덮으려 한다는 인상마저 줄 수 있다. 따라서 시험 답안에서는 다음과 같은 단어와 표현을 피해야 한다. 괄호 안의 내용은 대신 쓸 수 있는 표현들이다.

- "~하는 게" "~엔"과 같이 축약된 표현 (~하는 것이, ~에는)
- "~라는 것"과 같이 막연한 표현 (~라는 부분·요소·요인)
- "많은" "큰" (고려할 만한, 상당한, 무시할 수 없는)
- "~처럼" (~와 같은, ~등의)
- "~되다" (~와 같은 결과를 얻다·결과가 나오다)
- "~랑"처럼 지나치게 일상적인 표현 (~와 함께, ~뿐 아니라)
- "왜 ~했을까?" (~의 원인은 무엇인가?)

기본적인 원칙은 '명확하지 않거나 일상적인 표현'을 피하고 '구체적이며 격식 있는 표현'을 사용하는 것이다.

마지막으로 에세이나 시험 답안과 같이 학술적인 글에서는 "~입니다" "~합니다"와 같은 경어체 대신 "~이다" "~하다"처럼 非경어체를 사용한다는 사실을 명심하자.

교수님께 질문을

좋은 답안을 작성하려면 점수를 잘 받을 방법뿐 아니라 어떻게 쓰면 점수가 깎일지도 알아두어야 한다. 시험 전에 교수님께 미리 확인해서 불이익을 당하는 일이 없도록 하자.

- "본 답안에서 필자는 ~임을 보일 것이다"와 "나의 판단에 비추어볼 때"처럼 1인칭 주어를 사용해도 되는가? 아니면 "본 답안은 ~임을 보일 것이다"와 "이와 같이 비추어볼 때"처럼 비인칭 주어를 사용해야 하는가?
- 문장의 주어는 행위의 주체와 대상 중 어느 쪽이 좋을까? 예를 들어 "일본이 조선을 침략한 뒤"와 "조선이 일본에 침략당한 뒤" 중 어느 것이 좋을까?
- 각 단락의 제목을 따로 쓰는 것과 제목 없이 흘러가는 것 중 어느 쪽

이 나을까? 어떤 교수님은 제목을 따로 쓰면 글의 흐름이 끊긴다고 생각한다. 대개 '서론'처럼 큰 제목은 따로 쓰는 편이지만 '연구 방법'처럼 부수적인 제목은 생략하는 경우도 많다.

- 참고 자료 목록에 없는 자료에 나온 사례나 통계 수치를 사용해도 될까?
- 영어로 답안을 작성할 경우, 미국식·영국식 어법이나 철자법 중 어느 쪽을 따라야 할까?
- 수업의 기본적인 견해와 전혀 다른 견해를 지지하거나 답안에 인용해도 괜찮을까?
- 어떤 형태의 답안지에 답안을 작성해야 하는가? 예를 들어 별도의 답안지가 있는가? 아니면 질문지에 그대로 답안을 작성하는가? "이런 것까지 알아두어야 하나?"라고 생각할지도 모르겠다. 하지만 중요한 순간에 예상하지 못한 변수로 불이익을 당하는 경우가 많다. 항상 대비하자!

교수님께 질문하는 것을 너무 어렵게 생각하지 마자. 시험을 치르는 학생으로서 여러분은 문제가 유출되지 않는 범위 안에서 가능한 모든 정보를 알 권리가 있다. 또 위와 같은 질문을 함으로써 여러분은 시험이 더욱 공정하고 주의 깊게 치러지도록 기여하고 있는 것이다!

몸이 불편한 학생을 위한 조언

장애나 질병으로 몸이 불편한 학생들을 위하여 시험시간을 추가로 부여하거나 의무실에서 별도로 시험을 진행하는 학교가 최근 늘어나고 있다. 만약 다른 학생과 같은 장소나 조건에서 시험을 치르는 것이 불가능하다고 판단되면, 가능한 빨리 시험 감독측에 알려야 한다. 여러분의 상태를 판단하고 필요한 여건을 마련하는 데 시간이 걸리기 때문이다. 어학능력시험이나 다른 중요한 시험의 경우 질병이나 장애가 있는 응시자에 대하여 별도의 규정을 마련해 놓고 있으므로 여기에 해당하는 학생은 반드시 시험 전에 이를 잘 읽어보고 필요한 배려를 제공받기 바란다.

시험에서는 '명확하지 않거나 일상적인 표현'을 피하고
'구체적이며 격식 있는 표현'을 사용한다.
"~입니다" "~합니다"와 같은 경어체 대신
"~이다" "~하다"처럼 비非경어체를 사용한다.

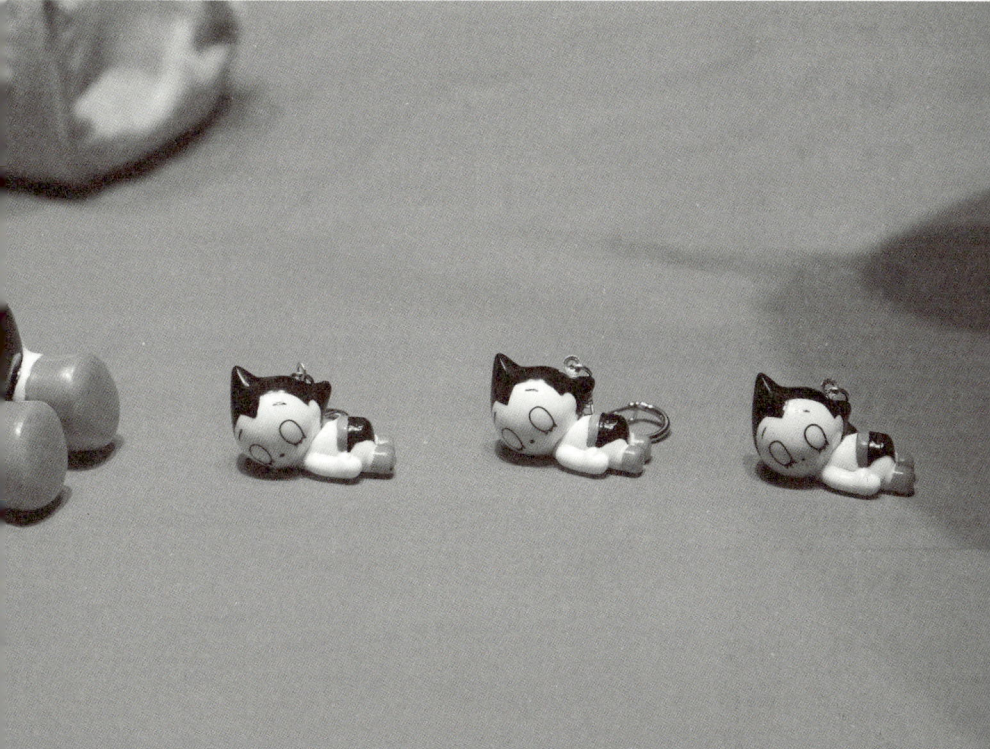

03

시험 며칠 전

효과적인
복습 전략

시험이 며칠 앞으로 다가온 시점에서는 이제 시간과 노력을 필요한 곳에만 집중 투자해야 한다. 더 이상 참고 자료를 붙잡고 천천히 읽을 시간적·정신적 여유가 없기 때문이다.

어쩌면 여러분은 복습이라는 말에 시험 직전에 가능한 많은 내용을 벼락치기하는 모습을 떠올릴지도 모르겠다. 복습은 절대로 벼락치기가 아니다! 평소 학기 중에 열심히 수업에 참여한 학생이라면 이미 시험 범위에 포함되는 지식과 개념, 접근법이나 연구 방법이 머릿속에 차곡차곡 포개어져 있을 것이다. "설마 그 정도일까" 하는 생각이 드는가? 시험이 다가오면 학생들은 대부분 스스로 생각하는 것 이상의 능력을 발휘한다. 무의식 속에 떠돌던 기억의 파편들이 시험이라는 상황에서 의식의 영역으로 떠오르는 것이다. 즉, 복습의 목적은 새로운 지식을 머릿속에 쑤셔 넣는 것이 아니라 이미 있던 지식을 '건져내어' 답안을 작성할 수 있도록 차곡차곡 정리하는 것이다.

그러므로 가뜩이나 시간이 촉박한 시험 기간에 책과 논문, 노트를 뒤져가며 밑줄 친 부분을 죄다 옮겨 적어서 결국에는 다 읽지도 못할 기나긴 '시험 준비 자료'를 만드는 헛수고는 하지 말자. 대신 평소 수업에서 필기한 노트와 이미 친숙한 자료, 시험 범위와 직접적으로 연관 있는 자료만 깔끔하게 정리하자. 이런 자료들은 필요할 물건이 있을 때 뒤져서 구할 수 있는 창고와 같다. 여러분이 할 일은 어떤 물건이 필요한지 결정하고 창고 선반을 오르내리며 어디 있는지 알아낸 뒤 창고 바깥 '의식의 영역'으로 꺼내는 것이다. 그런 다음 이렇게 찾아낸 자료를 복습하고, 수업 필기와 맞춰보면서 더 알아야 할 내용이나 빠진 내용이 없는지 찾아내야 한다. 인간의 뇌는 산더미같이 쌓인 읽을거리를 무작정 읽는 단순노동(십중팔구 여러분을 졸게 만드는)보다는 능동적인 '보물찾기'에 더 적합하다. 이런 보물찾기는 훨씬 적은 시간에 더 효과적으로 내용을 기억하게 해 준다.

"공부한 내용을 복습하고 다른 자료의 내용과 맞춰보자"라고 말하면 "그건 공부의 기본 아닌가요?"라고 말할 학생이 많을 것이다. 하지만 복습은 단지 책을 한 번 더 읽는 것 이상을 의미한다. 여러분은 복습으로 학기 중에 배운 내용을 하나의 큰 그림으로 완성한다. 학기 중 수업은 일주일 단위로 나뉜 소주제를 차례로 다룬다. 수업을 듣는 당시에는 당장의 주제에 주목하느라 다른 주제와의 연관성을 생각하기 어렵다. 내용 전달 단계가 끝나고 배운 내용을 평가받을 때가 오면 단지 배운 내용을 되짚을 뿐 아니라 소주제들을 통합된 하나의 큰 주제로 묶을 수 있는 시각이 형성된다. 이때가 되면 비로소 소주제들 사이의 연결 관계와 이 모든 것을 관통하는 대주제를 볼 수 있다.

 기출 문제가 이번 학기 시험 준비에 유용하리라는 판단이 들면 빨리 기출 문제를 구해서 여러분이 공부하고 있는 주제와 맞춰보자. 그 주제로 어떤 문제를 낼 수 있을지 생각하는 한편 자신이 출제자라고 생각하고 직접 문제를 만들어보는 것도 좋다. 만약 기출 문제가 이번 시험과는 많이 다르다는 정보를 입수했다면 어느 범위에서 문제가 나올지 잘 예측해야 한다. 수업 때 교수님이 강조하신 내용이나 특강(예를 들어 외부 초청강연)의 주제가 되었던 내용, 별도로 다루었던 내용들이 시험 범위가 될 가능성이 높다. 때로는 아예 시험 직전의 질문시간에 교수님이 "이번 시험에는 ~이 나온다" 또는 "어디부터 어디까지를 잘 읽어라"고 시험 문제를 '예고'하기도 한다. 함께 시험을 볼 학생들과 모여서 시험 범위에 대한 생각을 공유하고 서로에게 예상 문제를 내다보면 몰랐던 부분을 깨닫기도 한다. 어떤 주제에 전혀 새로운 방식으로 접근하는 시각과 생각지 못했던 방향의 예상 문제를 접할 수 있기 때문이다.

 이제 지금까지 수집한 정보와 예상 문제를 바탕으로 예상 답안을 만들어보자. 우리는 앞서 83쪽에서 체크리스트 10에 따라 답안 작성 계획을 만들었다. 이제 답안 작성 계획의 개요마다 큰 제목과 소제목들을 붙여보자. 언제나 강조하지만 개요가 처음부터 자세하고 구체적일 필요는 없다. 개요를 어떻게 구체화시키고 '살을 붙일지'는 단락을 구성하다보면 자연스럽게 머릿속에 떠오를 것이다. 이렇게 예상 답안을 작성하면 세 가지 커다란 장점을 얻을 수 있다.

첫째, 예상 답안 작성 과정 자체가 시험 준비에 도움이 된다. 예상 답안을 구성하면서 과목 전체를 돌아보는 동시에 실제 답안을 작성할 때 어떤 논리적 구성을 따라야 하는지 연습할 수 있기 때문이다. 앞서 말했듯 글쓰기에는 '쓰면서 생각하기'와 '생각한 뒤 쓰기'라는 두 가지 방법이 있다. 그리고 답안 작성에 더 유용한 방법은 '생각한 뒤 쓰기'라는 사실도 설명한 바 있다. 먼저 각 단락의 제목을 논리적 순서에 맞게 배열하고 그 밑에 작은 단락들을 소제목과 함께 '끼워 넣는' 것이다. 이렇게 개요를 먼저 짠 뒤 글을 쓰면 글이 어느 방향으로 흘러가는지, 각 단락은 분량이 어느 정도 될지 예측할 수 있다. 정해진 시간에 논리적 완결성을 갖춘 답안을 써야 하는 시험이라는 환경에서 이 장점은 무시할 수 없는 가치를 지닌다.

둘째, 시험 전에 여러분의 글을 교수님께 보여드림으로써 준비 상태를 점검할 수 있다. 출제자인 교수님 자신이야말로 해당 과목에 대한 글을 보기만 해도 혹시 중요한 요소가 빠져 있는지, 논리적 허점이 없는지, 문제가 요구하는 방향으로 답변이 이루어졌는지 바로 판단할 수 있는 사람이다. 게다가 여러분의 노력이 교수님께 좋은 인상을 남길 것은 두말할 필요도 없다.

셋째, 예상 답안을 만드는 과정에서 여러분이 가진 정보와 자료에 있을지도 모르는 허점을 발견할 수 있다. 답안 작성 계획을 만들면서 각 단락과 소제목에서 어떤 자료를 다룰지 확인하자. 논리를 전개하기에 정보와 자료가 충분한가? 충분하지 않다면 인터넷이나 도서관을 이용하는 등의 방법으로 추가할 내용을 찾아야 할 것이다.

시간이 촉박해서 필요한 내용을 빨리 찾아야 하는 상황이라면 목표 내용에 대해 가능한 상세한 정보를 가지고 있어야 한다. 무슨 내용이 필요한지 확실히 정하고, 그 내용을 찾을 가장 체계적이고 효율적인 방법을 생각해보자. 책이나 강의 자료, 수업 필기 등 어떤 자료를 뒤질 때라도 처음부터 끝까지 완독하려는 생각은 버리자. 그러기에는 시간이 너무 부족하다. 예를 들어 책을 읽어야 한다면 찾는 주제가 목차 각 장의 제목과 소제목에 등장하는지, 책 뒤쪽의 색인 부분에 등장하는지 먼저 살펴보자. 좀 더 자세히 살펴보아야 한다면 서론과 결론 부분을 얼른 훑어보자. 결론 부분이 '진짜 결론'을 담고 있지 않을 경우(복잡한 구조를 가진 학술서적에서 드물지 않다) 각 장의 첫 부분과 마지막 부분을 뒤지면 '소결론' 등의 이름으로 숨어 있는 결론을 찾을 수 있을 것이다.

한두 시간짜리 서술형 시험에서 작성하게 될 답안은 대개

1,000~1,500자(A4 용지 1~2쪽) 분량이다. 참고로 250쪽짜리 책 한 권은 10만 단어 정도를, 논문의 경우에는 5,000에서 1만 5,000단어 정도를 담고 있다. 따라서 책이나 다른 자료의 일부분을 통째로 옮겨 쓰는 것은 시간으로 보나 분량으로 보나 사실상 불가능하다. 시험 문제가 특정 책이나 논문을 다루며 본문의 일부를 예로 들라고 요구하지 않는 이상 그렇게 할 필요는 없다. 대신 문제에서 묻는 주제의 기본 원리나 요점만 간추려 두세 가지 구체적인 예를 들면 된다. 여러분은 이때 사용할 '재료'들을 찾아야 하므로 책이나 논문 전체를 머릿속에 쑤셔 넣을 필요는 없다. 효율적으로 공부하자!

시험 직전의 질문시간을 최대한 활용하자

대학에서는 시험 바로 전 수업을 강의 대신 질문 시간으로 활용하는 경우가 많다. 이 시간은 학생들이 학기 중 또는 시험 기간에 공부하다가 모르는 내용을 교수님께 질문하고 시험 정보를 얻는 기회다. 절대로! 이 시간에 결석하지 말자(수업 진도를 나가지 않는다는 이유로 시험 전 수업에 아예 출석하지 않는 학생도 많다). 적어도 시험에 관한 한 이 시간은 학기 중에서 가장 중요하다.

이렇게 교수님들이 질문 시간을 따로 두는 이유를 몇 가지 들면 (1)학기에 다룬 내용을 총정리하기 위해서 (2)기출 문제를 예로 들어 답안 작성 요령을 설명하기 위해서 (3)학생들이 자주 저지르는 실수를 일깨우기 위해서 (4)학생들의 질문에 답하고 잘못 생각하는 부분을 정정하기 위해서 (5)심지어 시험에 어떤 문제가 나올지 힌트를 주기 위해서다. 때로는 답안의 질을 보장하고 시험에 공정을 기하기 위해 시험에 앞서 학생들에게 위와 같은 내용을 안내하려는 교수님도 있다. 또 이 시간을 활용해 시험 이후의 일정(예를 들어 학기말 리포트나 에세이 등)에 대해 안내하기도 한다. 이런 이유 때문에 시험 직전의 질문 시간은 매우 중요하고 꼭 참석해야 한다.

교수님 강의를 잘 듣고 필요하면 메모해두자. 단순히 잘 듣기만 하는 것이 아니라 "왜 이런 말씀을 하실까?"라고 생각하면서 '출제자의 의도'를 짐작하자. 때로 그 의도란 너무나 명확하다. 교수님은 학생들이 질문에서 묻는 바에 대해서만 정확하게 답하기를 바라기 때문에, 또 문제지에 있는 모든 답안에 답하길 바라기 때문에, 또 여러분이 공부한 만큼 성적이 나오기를 바라기 때문에 그런 말씀을 하시는 것이다(물론 교육자로서 학생들의 시험 결과가 좋으면 그만큼 자신이 잘 가르쳤다는 성취감도 들 것이다).

하지만 교수님의 의도가 언제나 이처럼 명확한 것은 아니다. 교수님이 질문 시간에 유독 특정 주제를 자세히 언급하는 이유는 단지 강의계획서의 진도에 포함되어 있기 때문이 아니라 이번 시험에 나오기 때문일 수도 있다. 마찬가지로 교수님이 거듭 사용하거나 힘주어 말하는 특정 단어는 시험 문제가 설명하라고 요구하는 주제일 수 있다. 때로는 아예 "이 부분은 시험에 나온다"라고 밝히는 교수님도 있다. 반대로 이 시간에 다루지 않거나 대충 다루고 넘어가는 내용은 시험 문제에 나올 가능성도 낮다고 예측할 수 있다.

결론적으로 "교수님이 왜 이런 말씀을 하실까?"라는 생각을 가지고 혹시 교수님이 은연중에 보내고 있을지 모르는 메시지에 귀를 기울이자. 시험이 어떤 모습일지 실마리를 최대한 많이 모으자. 눈에 바로 들어오는 사실보다는 뒤에 숨은 뜻이 더욱 결정적일 수 있으니까.

효율적인
암기 방법

앞서 다루었던 복습의 진정한 목적은 마침내 시험 시간이 되어 문제지를 마주했을 때 '기억 창고'의 문을 열고 그 속에서 시험을 준비하면서 익힌 사고방식, 단어와 문장, 시각적·음성적·감각적 정보 등 여러 가지 내용을 제대로 찾을 수 있기 위해서다. 따라서 단순히 이들 내용을 다시 훑어보는 데 그치지 않고 '암기' 즉 머릿속에 집어넣어야 효과적인 복습이라고 할 수 있다. 본격적인 내용을 다루기 전에 암기의 속성을 먼저 살펴보자. 암기는 (1)내용을 '머릿속에 새기는' 단계, 말하자면 기억 창고 속 선반 위에 넣어두는 단계 (2)넣어둔 내용을 쉽게 찾을 수 있게 '정리하는' 단계, 즉 나중에 필요할 때 금방 찾을 수 있도록 어떤 선반에 어떤 내용을 올려놓았는지 이름표를 붙여놓는 단계의 두 부분으로 나눌 수 있다. 대개 사람들은 암기라고 하면 머릿속에 새기는 단계까지만 떠올린다. 하지만 정리 단계까지 포함되어야 진정한 암기라고 할 수 있음을 명심하자! 시험 때 찾지 못한다면 머릿속에 새기는 작업은 아무 의미 없다. 따라서 머릿속에 새기는 것만큼 정리하는 것도 중요하다.

앞서 '효과적으로 복습하기'에서 복습이란 시험 직전에 내용을 머릿속에 쑤셔 넣는 벼락치기가 아니라고 강조했다. 벼락치기를 하면 그 내용들은 밝고 깨끗한 창고 속 선반 위에 정성스럽게 보관되는 것이 아니라 어둡고 온갖 잡동사니가 빽빽이 들어찬 다락방에 되는 대로 구겨 넣는 꼴이 된다. 깔끔하게 정리된 창고에서 필요한 내용을 그때그때 찾아내기에도 부족한 시험 시간에, 이렇게 엉망진창으로 어질러진 다락방을 뒤지려면 당연히 힘이 들지 않을까? 따라서 벼락치기 대신 다른 방법을 택하자. 특히 시험이 며칠 남지 않은 시점에서의 벼락치기는 아무런 효과 없이 시간만 낭비하게 된다. 이런 헛수고 대신 마지막으로 창고를 한 번 더 돌아보고 어디에 무엇이 보관되어 있는지, 선반들이 어떤 기준에 따라 정리되어 있는지 머릿속에 담는 편이 낫다.

앞서와 달리 시험까지 몇 주일 남아 있는 시점이라면 내용을 머릿속에 새길 시간이 아직 충분하다. 여기 '머릿속에 새기기'를 도와줄 몇 가지 방법을 소개한다.

1. 과제의 영역을 분명히 하자
큰 과제는 작은 과제 여러 개로 나눈 뒤 하나씩 완수하자. 과제가

'완수' 되었는지 알려면 (1)그 범위에 관한 어떤 질문에라도 답할 수 있는지 확인하고(아무 부분이나 찍어서 예상 문제를 내거나 함께 공부하는 학생과 서로에게 예상 문제를 내보자) (2)책이나 참고 자료를 덮어두고 스스로에게 "방금 읽은 부분의 요점은 무엇인가?"라는 질문을 던져보자.

2. 복습 노트를 만들자

필기 내용은 수업을 들으면서 빨리 받아적는 데 중점을 두었기 때문에 순서가 바뀌거나 알아보기 힘들 수도 있다. 이 필기를 정리해서 요점 정리 노트를 만들자. 분량을 압축한다기보다는 필요 없는 내용을 모두 가지치기한다는 느낌으로 만들면 된다(억지로 압축한 내용은 막상 거의 읽기 힘들기 때문이다). 각 부분을 명확하게 나누고 필기 내용이 정확한지 책과 대조하여 확인하자. 특히 특정 개념에 대한 개괄이나 개념 사이의 관계(유사관계, 반대관계, 포함관계 등)에 주의하자. 원래 내용과 관련하여 추가할 요소가 있는지 확인하고 추가할 때는 관련성이 가장 높은 부분에 확실하게 표시(테두리를 치거나 ※ 등의 기호로)하여 삽입하자. 여기까지 잘 따라왔다면 비중 낮은 내용이라도 절대 잊어버리지 않을 것이다. 무의식이 그 내용을 자신도 모르는 사이에 기억해두었다가 필요할 때 의식의 영역으로 내보내기 때문이다(마찬가지로 무의식은 아주 짧은 순간 곁눈으로 스친 단어나 사물도 기억한다. 이를 이용한 범죄 수사와 광고 기법도 들어보았을 것이다).

3. 이미 알고 있는 내용과 새로 배운 내용을 연관시키자

이미 알고 있는 내용은 새로 배운 내용이 걸릴 옷걸이 구실을 한다. 따라서 새로 배운 내용을 이미 알고 있던 사실과 교차 확인cross-check하거나 비교/대조하거나 기존 범주 밑에 집어넣자. 새로운 사실을 접하면 이런 질문을 던져보라. "이 내용이 내가 갖고 있던 전반적인 지식과 맞아떨어지는가?" "아니면 내가 알고 있던 사실을 이 내용에 맞춰 수정해야 할까?"

4. 88쪽의 '질문 종합선물세트'에서 했던 것처럼 시험 범위의 주제 중 하나를 골라 이리저리 바꿔보고 답안 작성 계획을 세워보자

책이나 강의에서 처음 접했던 주제와는 다른 모습으로 만드는 것이다. 이처럼 찰흙으로 이것저것 만들듯 주제를 '가지고 놀면' 그 자체로 시험 준비가 될 뿐더러 머릿속에 깊이 새겨지는 효과도 얻는다.

5. 아침마다 전날 공부한 내용을 잠깐이라도 훑을 시간을 가지자

잠도 기억에 영향을 미치는 중요한 요소다. 그날 공부할 내용이 머릿속에 가득차기 전에 전날 공부한 내용을 완전히 뿌리내리게 하는 기회가 된다.

6. 스스로에게 시험 문제를 내자

더 좋은 방법은 동료 학생과 서로 시험 문제를 내는 것이다. 물론 공부를 열심히 하는, 믿을 만한 사람이어야 효과가 있을 것이다. 이것은 여러분의 지식과 추론 과정에 있을지도 모르는 허점을 발견하기 위해서만이 아니다. 지식과 사고를 말로 표현하는 행위는 그것들을 다듬는 동시에 머릿속에 깊이 새기는 구실도 한다. 말할 때의 '말투'와 글 쓸 때의 '글투'는 서로 다르다. 여러분의 예상 답안을 친구에게 읽어주자. 아마 문장 그대로보다는 좀 더 간결하고 일상적인 표현으로 읽을 것이다. 또 복잡한 문장은 여러 개로 쪼개서 읽기도 할 것이다(말할 때는 호흡에도 신경 써야 하기 때문이다). 이렇게 글로만 읽던 내용을 말로 읽으려면 일종의 변환 과정을 거쳐야 하고 그 과정에서 내용이 기억 속에 깊이 새겨진다.

지금까지 소개한 여섯 가지 방법은 '머릿속에 새기기'와 관련되어 있다. 이 방법들을 따라가다 보면 어느새 혼잣말을 많이 하는 자신을 발견할 것이다. 걱정할 필요 없다.

혼잣말은 어떤 정보를 기억하는 가장 좋은 방법이다. 말할 내용을 생각하는 동시에 음성으로 변환하고 그 음성을 자신의 귀로 다시 듣기까지 한다. 이보다 좋은 방법이 또 있을까?

지금까지 살펴본 머릿속에 새기는 방법 외에도 이 내용을 나중에 다시 찾을 수 있게 이름표를 붙이는 과정도 중요하다. 이제부터는 정리하기에 관련된 방법을 살펴보자.

1. 기억 정리 방법은 깔끔하고 체계적일수록 좋다

그러려면 기억의 '선반'에 알아보기 쉬운 이름표를 붙여 두어야 한다. 두 가지 이유 때문이다. 먼저 선반마다 특색 있는 이름표를 붙이면 그 선반에 어떤 내용이 보관되어 있는지 한눈에 알아볼 수 있을 것이다. 또 내용물을 가장 잘 나타낼 만한 이름표를 만들면서 창의적 사고가 깨어나고 그 덕에 내용을 더 잘 기억할 수 있다. '진짜' 이름표를 예로 들어보자. 여러분이 경제학 수업을 듣고 있다면 '미시경제학' 노트와 '거시경제학' 노트를 따로 구분해서 다음과 같이 각각 이름표를 붙인다.

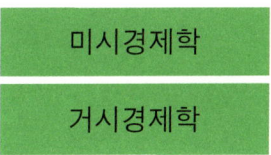

2. 복습 노트는 가능한 시각적으로 분명하게 각인되도록 만들자

앞서도 말했듯 밝고 깨끗한 창고와 어둡고 허섭스레기가 빽빽이 들어찬 다락방 중 어느 곳에 소중한 공부 내용을 보관하는 것이 좋을까? 그런 점에서 복습 노트를 예쁘고 깔끔하게 만드는 것은 꽤 중요하다.

복습 노트에는 나중에 내용을 추가할 수 있도록 줄과 줄 사이, 단락과 단락 사이에 공간을 충분히 남겨두자. 색깔 펜으로 내용을 구분하고 내용을 구분할 때는 사이에 색지를 끼워 넣어 나누자(포스잇의 '플래그'-꼬리표-를 사용하면 편하다). 형광펜이나 포스트잇을 사용하는 것도 빼먹지 말자(이런 학용품은 필통에 잔뜩 채워두며 과시하는 물건이 아니다! 아낌없이 활용하자). 어떤 사람들은 복습 노트 첫 페이지나 마지막 페이지에 '마인드맵'을 크게 그리기도 한다. 하지만 마인드맵이 모든 사람에게 통하는 전략은 아니므로 자신에게 맞는지 잘 생각해보고 사용하자.

3. 목록과 표를 활용하자

목록과 표는 많은 정보를 일목요연하게 정리해서 기억하기에 가장 좋은 수단이다. 목록과 표 모두 굵은 실선으로 그린 상자 안에 넣어 다른 내용과 구분하는 것이 좋다. 스스로 내용을 정리해서 표로 만드는 경우에는 가로축에 들어갈 내용, 세로축에 들어갈 내용 등 표의 모습을 결정하느라 몇 차례 시행착오를 거칠 수도 있다. 목록이나 표가 완성되면 이제 그 효과를 실험할 차례다! 가로·세로축의 범주와 함께 각 줄이나 칸마다 들어 있는 내용을 손가락으로 짚으면서 소리 내어 읽자. 각 줄이나 칸을 형광펜으로 칠하면 색깔이라는 시각적 정보가 암기에 도움을 준다. 모두 다른 색깔로 칠할 필요는 없다. 한두 가지 색깔을 한 줄이나 한 칸씩 건너뛰어 칠하는 센스를 발휘하자!

4. 그래프나 그림을 활용하라

특정 순서를 따라가는 내용, 예를 들어 논리적 추론 과정이나 역사적 사건의 연대기를 익힐 때는 이런 내용을 그래프나 그림으로 나타내면 기억이 잘 된다. 서로 다른 색깔과 모양의 상자를 그린 뒤 선으로 이어서 전후관계를 묘사하자. 선의 경우에도 실선과 점선, 이중선 등 모양을 바꿀 수 있다. 화살표를 사용하면 방향을 표시할 수 있을 것이다.

5. 노트에 어떤 내용을 쓰고 나면 잠시 자세를 바로잡고 마음속에 그 모습을 '사진 찍도록' 하자

'사진 찍기'란 페이지의 모습을 기억 속에 각인시키는 것을 뜻한다. 얼핏 비슷비슷하게 보이는 책 페이지들에도 제목, 표나 그림이 포함된 페이지나 중간 또는 아래에 빈 공간이 있는 페이지 등 내용 배치에 따라 고유의 모습이 있다. 잠시 책을 들여다보면서 그 모습을 눈에 담아보자. 그런 다음 숨을 크게 들이마셨다가 내쉬어보자. 눈을 감은 상태에서 방금 '사진 찍은' 페이지의 모습을 상상하자. 어떤 모습이었는지 떠올릴 수 있는가? 이제 눈을 뜨고 노트의 실제 모습과 머릿속에 찍힌 모습을 비교해보자. 제목의 위치, 글의 대략적인 배치, 표나 그림이 자리하는 위치까지 머릿속에 그릴 정도가 되면 성공이다. 물건 위치를 잘 기억하지 못한다고 생각하는 사람도 몇 번만 연습하면 익숙해질 수 있다.

이렇게 하는 이유는 페이지 배열 정보가 내용 암기에 영향을 미치기 때문이다. 어느 내용이 대략 어디쯤에 위치했는지 기억이 점점 구체화되면 반대로 어디쯤 위치하는 내용이 무엇인지도 잘 기억해낼 수 있다.

6. 복습 노트는 한 번 만들고 내버려두지 말고 몇 번이고 다시 고치자
노트를 새 종이에 옮겨 적는 행위가 내용을 머릿속에 깊이 뿌리내리게 해서 시험 시간에 더 많은 내용이 더 빨리 기억나게 해 준다.

7. 복습노트를 만들 때는 내용을 소리 내어 읽자
요점 정리 때는 시를 낭송하듯 반복해서 읽으면 기억에 잘 남는다.

8. 단어를 재미있게 활용할 방법을 찾아보자
여러 단어를 조합하거나 첫 글자만 조합해서 만든 우스꽝스러운 단어는 더 오래 기억에 남는다. 이를 '니모닉mnemonics'이라고 부른다. 예를 들어 무지개의 색깔을 나타내는 '빨주노초파남보'라는 단어는 일곱 글자임에도 워낙 특이해서 평범한 세 글자짜리 단어보다 훨씬 잘 기억된다. 중·고등학교 시절 "태정태세문단세……"하고 앞 글자만으로 무려 26명의 조선시대 임금을 외워 본(그것도 순서까지) 경험이 있다면 이 방법의 효과를 잘 알고 있을 것이다. 니모닉을 찾아내고 만드는 것이 각박한 시험 기간에 작은 즐거움을 주기도 한다.

9. 어떤 사람들은 기억한 내용을 정리할 때 '표제어 퀴즈'를 사용하기도 한다
아마 퀴즈쇼에서 본 적이 있을 것이다. 먼저 단어 하나 또는 몇 개가

쓰여 있는 카드를 쌓아놓는다. 여러분은 이 카드를 보고 전체 내용을 떠올려야 한다. 카드에 쓰인 단어를 일종의 스위치로 사용하는 것이다. 하지만 이 방법을 너무 믿으면 낭패를 당할 수도 있다. 시험 문제에 표제어가 나왔음에도 표제어 카드의 모습만 기억할 뿐 내용은 전혀 되살려내지 못한 경우도 많다. 표제어 카드의 시각 이미지가 너무 강렬해서 오히려 나머지 기억으로 이르는 길을 막은 것이다. 따라서 이 방법이 자신에게 잘 맞는다는 확신이 들 때만 표제어 퀴즈를 사용하자.

여기까지 읽으면서 느꼈겠지만 머릿속에 새긴 내용을 찾기 쉽게 정리하는 데는 크게 두 가지 원칙이 있다. (1)머리로만 익히려 하지 말고 시각, 청각, 촉각, 운동감각 등 감각을 활용하자. (2)감각이 더 다양하게 개입될수록 더 잘 기억되고 오래 남는다. 눈으로 정보를 가장 잘 기억하는 사람이 있는가 하면 소리로 듣거나 만져본 느낌을 가장 잘 기억하는 사람도 있다. 몸을 움직여 동작을 만들 때 가장 잘 기억하는 사람도 있다. 하지만 가장 효과적인 것은 이 모든 감각을 한꺼번에 동원하여 기억하는 것이다. 어느 감각이 가장 예민한지, 어떤 방법이 제일 잘 통하는지 찾아내서 활용하자!

• 기억력과 암기 방법, 마인드맵에 관해 심도 있게 다루는 전문서적이 많이 나와 있으니 참고하자.

갑자기 아프거나 가족에게 일이 생겼다면

시험 기간이나 시험 당일에 갑자기 아파서, 또는 가족에게 일이 생겨서 시험에 응시하지 못하게 되거나 별도의 배려가 필요하다면 증거 제출용으로 병원의 진료기록이나 기타 증명을 얻어야 한다. 가장 적합한 것은 시험 준비나 응시에 차질이 생겼음을 입증하는 증명서를 발급받아 제출하는 것이다. 이 증명서를 누구에게 제출해야 하는지 정확하게 알아두자. 대개 시험 주최 측에는 이런 종류의 일을 처리하는 담당자가 따로 있다(대학 시험의 경우 교수님 본인일 것이다). 증명서를 제출할 때는 확실하게 접수되었는지도 따로 전화하는 등의 절차를 거쳐 확인해야 한다. 중간에 증명서가 분실될 때를 대비해서 항상 복사본을 만들어놓자.

증명서를 우편이나 전자우편 e-mail으로 제출할 때는 증명서만 달랑 보내기보다는 시험에 차질이 생긴 상황(예를 들어 시험 전날 맹장염으로 갑자기 응급실에 실려 간 상황)에 대한 설명과 더불어 다른 학생과 같은 장소나 시간, 조건에서 시험을 보지 못하게 된 사정(앞으로 일주일 동안 입원해야 하기 때문에)까지 밝히는 것이 좋다. 시험 준비 과정(대학의 경우에는 수업)에 꼬박꼬박 출석하고 과제를 성실히 제출했다면 그 사실을 편지에 밝히는 것이 정상참작에 기여할 수도 있다. 다만 편지를 받게 될 담당자가 그것까지 반드시 고려할 거라는 기대는 일단 하지 않는 편이 낫다. 일단은 최악의 상황을 예상하자.

이런 절차를 거치는 이유는 물론 주최 측이 학점을 부여할 때(또는 학위나 자격증을 수여할 때) 사정을 참작하게 하기 위해서다. 대개 주최 측은 채점 직후 회의를 열어 학점 부여 기준을 나누고 가산점이나 과락 여부를 결정하는 한편 사정이 있는 학생들을 합격 또는 탈락시킬지, 재시험을 보게 하거나 보고서로 시험을 대체하게 할지 결정한다. 이 회의에서 개인 사정이 인정될 때만 위와 같은 배려를 얻을 수 있다.

여기서 한 가지에 주의해야 한다. 대개 주최 측 또는 채점자(많은 경우 교수님)는 학생의 사정을 이해하고 공감할 것이다. 그러나 그들이 참작할 수 있는 범위에는 한계가 있다. 학점이나 자격증, 학위는 학업 성취에 따라 부여될 뿐 질병이나 개인적 사정에 부여되는 것이 아니기 때문이다. 이때 도움을 받을 수 있고 없고의 차이는 평소에 얼마나 그 '학업 성취'에 성의를 보여 왔는지에 달려 있을 것이다. 평소에 열심히 하는 것이 얼마나 중요한지 보여주는 또 하나의 예라고 하겠다.

시간을 최대한으로
활용하는 법

시간 활용의 가장 기본적인 전제조건은 시험에 대한 동기를 높은 수준으로 유지하는 것이다. 시험 기간에는 누구나가 아주 예민해지기 때문에 동기 수준이 급격하게 파도치곤 한다. 동기를 저하시키는 요인은 여러 가지인데, 문제는 이 요인들이 한꺼번에 발생한다는 것이다. 학업 관련 활동(시험 준비)을 하면서 동시에 사회활동(예를 들면 아르바이트)도 해야 하고, 가족에게도 신경 써야 하며, 친구도 소홀히 할 수는 없다. 때로는 피로 또한 동기를 저하시키는 원인이 된다. 이 모든 일이 한꺼번에 한 사람에게 닥친다고 생각해보라. "다 집어치우고 잠이나 잤으면 좋겠다"라는 생각이 들 법도 하다.

앞의 두 장에서 다룬 효과적인 복습법과 기억법은 여러분에게 지워진 거대한 과제를 몇 개의 작은 과제로 나누어 동기 수준을 유지하는 데 도움을 준다. 높고 가파른 산을 한 번에 오르는 대신 상대적으로 낮고 평탄한 언덕을 여러 개 오르는 셈이다. 이제 이 작은 과제들을 목록으로 만들어서 관련된 것들은 묶어서 처리하자. 이미 처리한 과제는 옆에다 체크하거나 두 줄을 그어서 지우자. 전체 과제 목록 중에서 지운 과제가 늘어날 때마다 부담이 한결 줄어드는 동시에 나머지도 얼른 해치우고픈 욕구가 샘솟을 것이다.

정확한 시험 일정이 발표되고 나면 계획 짜기가 훨씬 쉬워진다. 머릿속 달력에 어느 시점부터 시험 준비를 시작해야 할지, 즉 언제부터 시험 기간인지 확실히 새겨 놓아야 한다. 아예 진짜 달력을 준비해서 시험 날짜와 시험 기간에 해당하는 부분을 눈에 잘 띄는 색으로 표시하자. 각 날짜별 과제 등을 표시하기 위해 여백이 충분한 달력으로 고르자. 책상 위나 다른 눈에 잘 띄는 곳에 달력을 붙여 놓고 다른 중요한 일정(예를 들면 병원 예약이나 가족 경조사)이 있는 날을 함께 표시하자.

이제 시험 준비에 필요 없는 것들을 정리할 때다. 주의를 분산시킬 물건이나 활동을 마음속에서 비워야 한다. 생일파티, 동창회, 각종 약속들은 전부 시험 뒤로 미루자. 잡다한 집안일이나 처리해야 할 일들 역시 미루거나 대신 해줄 사람을 찾아야 한다. 가족이나 친구들에게 해야 할 일이 있음을 분명히 인식시키고 필요하다면 양해를 구하자. 시험 기간에는 심리적으로 예민해지기 때문에 친구와 밤늦게 전화로 고민 상담을 몇 시간씩 할 정신적, 시간적 여유가 없다(서로 시험 기간인 경우에는 더욱 그렇다). 아르바이트를 한다면 가능한 시험 기간을 피해서 일하거나 며칠간 시간을 비우는 것도 좋다(돈과 학점 중 무엇이 더 중요할까? 돈은 다시 벌 수 있지만 학점은 다시 딸 수 없거나 딸 수 있더라도 더 많은 돈과 노력이 들어갈 수 있다!). 면접이나 기타 중요한 일정도 가능하면 시험 뒤로 미루는 편이 낫다(자칫하면 두 마리 토끼를 다 놓칠 수도 있다). 대학 수업에서는 시험 직후에 학기말 보고서를 제출해야 할 때도 있다. 보고서의 주제가 머릿속을 맴돌거나 "무엇에 대해서 쓰지?"라는 걱정이 자꾸 떠오른다면 아예 시간을 조금 투자해서 보고서의 개요 정도까지는 미리 만들어두는 편이 잡생각을 떨쳐버리기에 차라리 낫다. 그런 다음 보고서 생각은 잠시 덮어두자. 다만 이런저런 아이디어가 떠오를 때는 그때그때 개요의 각 항목 아래에 적어두자. 이렇게 하면 보고서에 대한 불안감이 시험 준비에 방해가 되는 것도 막을 수 있을 뿐더러 결과적으로 오랜 기간에 걸쳐 보고서를 준비하는 셈이어서 나중에 더 좋은 결과를 가져올 것이다. 시험 준비를 하느라 보고서 생각은 잠시 의식 너머로 사라지겠지만 기본적인 뼈대는 잡아 놓았기 때문에 언제든지 좋은 아이디어가 떠오를 가능성은 충분하다. 일단 메모만 해 놓자. 그러면 보고서 생각 때문에 시험공부를 방해받을 일은 없을 것이다.

시험 준비에 투자할 수 있는 시간이 얼마나 되는지 미리 계산해 놓자. 가장 기본적인 계산법은 '오늘부터 시험 전날까지 남은 날짜 수'(중간에 다른 시험을 보는 날짜 수와 중요한 행사 등 꼭 참가해야 하는 일정의 날짜 수를 뺀)가 될 것이다. 이 숫자를 시험의 숫자로 나누자. 그러면 과목당 평균적으로 공부할 수 있는 날짜 수가 나올 것이다. 놀랍게도 생각보다 투자할 시간이 많지 않을 것이다. 이 정도로도 급하다는 생각이 들지 않으면 다시 과목당 공부할 수 있는 날짜 수를 그 과목의 세부 주제의 숫자로 나누자. 학기 중간이라면 대개 한 과목당 공부할 수 있는 날짜 수는 많아야 일주일, 주제별로는 하루나 반나절 정도밖에는 되지 않을 것이다. 갑자기 마음이 급해지지 않는가?

이제 시험 일정을 살펴보자. 각 과목 시험이 짧은 기간에 몰려 있는가 아니면 넓게 퍼져 있는가? 시험이 짧은 기간에 몰려 있더라도(심지어 하루 또는 이틀 동안 아침부터 저녁까지 시험만 보는 경우도 있다) 어느 정도 이점이 있다. 먼저 시간 안배가 상대적으로 쉽기 때문에 첫 시험에 비해 다른 시험들을 준비하는 시간이 줄어들 가능성이 상대적으로 낮다(반대로 시험 일정이 넓게 퍼진 경우 첫 시험을 보기 전에는 줄곧 첫 시험만 준비하기 쉽다). 또 장기간의 시험 때문에 육체적·심리적으로 지치거나 뒤에 위치한 시험들을 대충 준비하게 될 가능성도 줄어든다.

아무튼 시험이 짧은 기간에 몰려 있건 넓게 퍼져 있건 꼭 달력을 가져다놓고 시험 준비 계획을 짜자. 막연하게 '시험까지 앞으로 보름' 하는 식으로 전체 날짜 수만 생각하지 말고 과목별 할당 일수와 소주제별 시간 배분까지 생각해야 한다(하지만 역시 하루에 한 주제만 공부하는 것이 가장 효율적이다. 인간의 두뇌는 오전에 한 주제, 오후에 다른 주제를 공부할 정도로 빠르게 전환되기 어렵기 때문이다). 과목별 또는 주제별로 다시 '해야 할 일' 목록을 만들어서 관리하자. 예를 들어 〈서양 문명의 이해〉 과목의 '그리스-로마 철학'이라는 소주제에는 (1)도서관에서 플라톤의 《국가론》빌리기 (2)스토아 철학과 에피쿠로스 철학의 차이점에 관해서 교수님께 질문하기 (3)수업 게시판에 올라온 참고 자료 인쇄해서 읽어보기 등의 '해야 할 일'이 있을 것이다. 완수한 일은 표시하거나 목록에서 지워버리자(앞서 말했듯 성취감을 얻고 나머지 일에 대한 동기를 유지하기 위해서다). 사실 성공하는 사람들의 습관 중 하나가 바로 그날그날 해야 할 일의 목록을 가능한 자세하고 알아보기 쉽게 관리하는 것이다.

자신 있는 과목과 약한 과목 중 어느 쪽을 먼저 공부해야 할까? 자신 있는 과목 공부를 얼른 끝내면 다른 과목을 준비할 시간을 많이 확보할 수 있다. 반대로 잘 이해되지 않거나 분량이 많아서 걱정되는 과목을 먼저 끝내는 편이 나을 수도 있다. 만약 이런 과목을 먼저 공부할 때는 한 번에 너무 많은 부분을 무리하게 소화시키려 하지 말고, 그 중에서도 쉬워 보이는 부분이나 개론 부분을 뽑아 불안감을 먼저 해소하자. 어떤 과목이 어렵다고 해서 시간을 너무 많이 투자하지는 말자. 그렇게 했다가는 그 과목을 끝내고 다른 과목을 공부할 때도 그 과목에 대해 생각하느라 눈앞의 과목에 집중하지 못할 것이다(우리는 자신만의 사고를 갖고 있고, 그 사고는 주인의 의도와 다르게 움직이기도 한다).

앞서 말했듯 이런저런 내용을 무작정 머릿속에 쑤셔 넣는 벼락치기는 생각보다 효과가 떨어진다. 도서관에 앉아 하루 종일 책의 내용을 노트에 옮겨 적거나 시험 과목의 전체 내용을 몇 문장짜리 문단으로 정리하려고 해봐야 소용이 없다(그것이 가능하다면 연구자들이 그렇게 두꺼운 책을 쓸 이유가 없을 것이다). 차라리 다른 방법으로 공부했다면 유익하게 사용했을 시간을 낭비한 것이다. 읽어야 할 내용을 정확하게 숙지하고 쓸모 있는 답안 작성 계획을 짰다면 설령 그 시간이 짧다고 해도 하루 종일 도서관에서 벼락치기한 사람보다 더 효율적으로 공부했다고 자신 있게 말할 수 있다.

한 가지 방법에 너무 집착한 나머지 진전이 없는 것이 뻔히 보이는 상황에서 계속 파고들지 않도록 주의하자. 30분 이상 같은 일을 했는데도 효과가 보이지 않는다면 진지하게 상황을 돌아보아야 한다. 통하지 않는 방법을 어떻게든 통하게 하려고 애쓰기보다는 문제 접근 방법이나 도구를 바꿔보자. 어떤 부분이 어려운지 포스트잇이나 다른 메모지에 적어보자. 잠시 다른 활동을 하자. 밖으로 나가 차를 한 잔 해도 좋고 친구와 잠시 다른 주제로 이야기해도 좋다. 그 과목을 잠시 접어두고 나머지 시간에 다른 과목을 먼저 공부하는 것도 한 방법이다. 머리를 충분히 식힌 뒤 새로운 마음으로 아까 그 메모지를 읽어보면 다른 해결책이 떠오를 것이다.

시험공부를 하다 보면 읽어야 할 책 중 어느 한 권이 너무 중요해 보이는 나머지 그 책만 붙잡고 있어야 할 것 같은 때가 있다. 이럴 때는 다른 방식으로 그 책에 접근해보자. '진지하지 않는' 방식으로 읽는 것이다! 먼저 편안하고 조명이 밝은 곳에 앉아 초콜릿과 커피 등의 주전부리를 옆에 놓고 편한 마음으로 책을 훑어보자. 혹시 메모해야 할 내용이 나오거나 나중에 다시 읽을 수 있게 표시해야 할 수도 있으므로 포스트잇과 펜도 함께 준비하자. 헨델이나 비발디, 바흐 등 편안하고 조용한 클래식 음악을 틀면 마음을 편안하게 유지하는 데 도움이 된다. 읽어야 할 범위를 다 훑어보고 나면 심호흡을 한 번 하자(산소를 받아들여 뇌를 활성화하기 위해서다). 책과 관련하여 떠오르는 아무 내용이나 종이에 적어 내려가자. 편안한 심리 상태에서는 무의식이 지배하는 영역이 늘어난다. 그리고 무의식을 통해 배울 수 있는 양은 놀랍게도 의식적으로 배우는 양에 버금간다. 이러한 과학적 사실을 활용하자.

사람들은 신체리듬과 일하는 방식이 모두 다르다. '아침형 인간'이 있는가 하면 '올빼미형 인간'도 있다. 자신이 하루 중 어떤 시간, 어떤 조건에서 공부가 잘 되는지 알아두자. 시험 기간에는 신체리듬을 깨뜨리지 않도록 노력해야 한다. 될 수 있으면 평소 잘 먹던 음식을 먹고, 평소 움직이던 만큼 움직이고, 평소 자던 시간만큼 자자. 만약 여러분이 '올빼미형 인간'이라면 생활리듬을 약간 바꿔야 한다. 시험은 여러분이 깨어 있는 시간인 저녁이 아니라 낮에 치르기 때문이다. 시험 며칠 전부터 일과표를 바꿔서 시험이 치러지는 바로 그 시간에 최적의 조건에 되도록 조절하자.

결코 무리하지 말자. 무리한 일정은 오히려 역효과를 불러일으킨다. 물론 긴장 때문에 분비되는 아드레날린은 인간이 더 적게 먹고 적게 자더라도 평소와 같거나 그 이상의 능력을 발휘하도록 해준다. 하지만 이런 상태가 시험 기간 내내 계속될 수는 없다. 명심하자. 시험은 한순간에 끝나는 단거리 경주가 아니다. 시험이라는 마라톤을 무사히 마치려면 페이스를 잘 조절해서 몸과 마음을 최적의 상태로 유지해야 한다.

다른 학생에게 말려들지 말자!

> 수업시간에 다른 학생들을 불안하게 만드는 데 비상한 재주를 가진 학생들이 있다. 긴장된 시험 기간에는 특히 이런 학생들에게 말려들기 쉽다. 그 때문에 도움도 안 되는 시험 걱정에 시간을 빼앗긴다면 해결책은 간단하다. 그 사람을 아예 피해버리자! 그런 사람과 함께 도서관에서 공부하거나 함께 식사하지 말자.
>
> 학점별 비율이 따로 정해지지 않은 절대평가 수업이라면 동료 학생과의 경쟁이 그렇게 심하지 않을 것이다. 하지만 학점별 비율이 엄격하게 정해진 상대평가 수업에서는 점수에 너무 신경 쓰는 나머지 다른 사람을 불편하게 만드는 학생이 꼭 있다. 이런 사람 대신 점수와 경쟁에 너무 매달리지 않는 마음 편히 만날 수 있는 친구들과 어울리는 것이 좋다.

글씨를 예쁘게 쓰자

여러분은 글씨를 얼마나 잘 쓰는 편인가? 워드프로세서로 과제를 작성하고 전자우편로 서로 연락하는 오늘날에는 손글씨를 예쁘게 써야 할 필요가 상대적으로 줄었다. 아니, '예쁜 글씨'라는 개념 자체가 점점 사라져 가는 것 같다. 워드프로세서에서 얼마든지 글씨체를 마음대로 바꿀 수 있으니까. 사실 대학에서 손으로 글씨를 쓸 때는 강의 시간 때뿐인데, 이때는 예쁘게 쓰기보다는 빠르게 필기하기 위해 휘갈겨 쓰는 것이 보통이다.

그러나 21세기가 되어서도 종이 답안지에 손으로 글씨를 써서 답안을 제출하는 시험의 기본 형태는 여전히 유지되고 있다. 여러분의 손글씨를 채점자가 직접 읽는 것이다. 따라서 글씨를 예쁘게 쓰는 것은 여전히 중요하다. 워드프로세서 때문에 학생들의 글씨가 점점 읽기 힘들어질 뿐 아니라 악필을 해독하는 채점자의 능력 또한 쇠퇴하고 있다. 채점자가 글씨를 읽기 힘들다면 점수가 깎일 뿐 아니라 심한 경우 실격당할 수도 있다. 참고로, 어떤 시험에서는 답안 글씨를 도저히 알아보기 힘든 나머지 작성자를 불러와서 답안지를 읽게 하고는 컴퓨터로 받아적은 사례가 있다. 그 자리에서 채점을 거부하고 작성자를 실격시키는 것보다는 나은 조치지만 채점자가 이렇게 관대한 경우는 흔하지 않다.

글씨를 예쁘게 쓰려면 어떻게 해야 할까? 먼저 전공 자료 어느 한 페이지의 내용을 그대로 따라 써보자. 그리고 믿을 만한 친구에게 가서 그 내용을 알아볼 수 있는지 물어보자. 그러고는 어떤 단어가 읽기 힘든지 짚어달라고 하자. 그 과정이 성실하기만 하다면 어느 글자나 단어가 문제인지 알아낼 수 있다. 보통 문제가 되는 것은 알파벳 소문자 필기체의 a와 o, n과 u , 한글의 ㄷ과 ㄹ, ㅁ과 ㅂ 등이다. t나 l는 가로획을 긋지 않거나 점을 찍지 않는 등 글자를 끝까지 마무리하지 않기 쉽다. b, d, f, h, k, l, t 처럼 위로 향한 세로획, g, j, p, q, y처럼 아래로 향한 세로획이 충분히 길지 않아서 구별되지 않는 경우도 있다. 친구가 지적한 문제에 주의를 기울이면서 다른 페이지를 다시 따라 써보자. 같은 친구에게 다시 보여주면 결과가 나아졌다는 평가를 들을 수 있을 것이다.

이제 글을 쓸 때는 언제나 앞서 찾아낸 문제점을 의식하도록 하자. 어느 정도 연습하다 보면 의식하지 않고 쓸 때와 같거나 오히려 더 빠른 속도로 쓸 수 있게 된다(나쁜 습관이 고쳐졌기 때문이다).

펜을 바꾸는 것도 글씨를 예쁘게 쓰는 데 도움이 된다. 뻑뻑하고 굵은 볼펜 대신 부드럽고 가는 젤 잉크 펜으로 써 보자. 이런 펜은 쓸 때 힘을 덜 주어도 되기 때문에 손에도 무리가 덜 간다.

시험에 대처하는 우리의 자세

시험의 성공을 결정하는 요소에는 몇 가지가 있다. 학기 중에 얼마나 열심히 수업에 참여하고 필기 등 관련 자료를 확보했는지, 한정된 시간을 얼마나 효율적으로 활용하여 복습의 효과를 최대화했는지, 어떤 자세로 시험에 대처하는지 등이다. 이 중에서 가장 중요한 것은 역시 시험에 대처하는 자세다. 어떤 학생들은 성실한 자세로 열심히 공부했음에도 시험지를 눈앞에 두고는 머릿속이 새하얗게 될까 걱정하기도 한다. 혹시 이런 학생들이 안타깝게도 시험을 종종 잘 보지 못한다면 그 이유는 공부가 부족했기 때문이 아니라 자신감이 부족해서일 것이다.

인간의 뇌는 우연히 의식 속에 들어온 내용이든 일부러 기억한 내용이든 간에 정보가 들어오면 일단 기억 속 '창고'에 넣어둔다. 이 기억 창고는 의식의 영역과 무의식의 영역으로 나뉘어 있다. 자신감이 부족하면 무의식의 영역에 넣어 둔 내용을 잘 찾아내지 못한다(긴장과 불안 때문에 의식이 경직되기 때문이다). 반대로 편안한 상태에서 정신을 집중하면 무의식 영역의 내용까지도 의식의 영역으로 끌어올 수 있다. 머리를 싸매고 고민할 때는 떠오르지 않던 해결책이, 긴장을 풀고 차라도 한 잔 하고 있었더니 갑자기 "유레카!" 하고 떠오른 경험이 있을 것이다. 물론 시험 도중에 그 정도로 편안하기는 거의 불가능하다. 하지만 긴장된 시험 기간과 시험 도중에도 마음을 가라앉힐 방법이 분명히 존재한다. 그 방법을 따르면 불안감을 해소하고 평소 실력 그대로 학기 중에 배웠던 내용을 찬찬히 떠올릴 수 있다.

여기 시험에 대처하는 바람직한 자세가 몇 가지 있다. 말하자면 시험에 대한 심리적 대비라고 할 수 있다. 거창한 준비물이나 다른 사람의 도움은 필요 없다. 그저 조용하고 편안한 장소만 있으면 된다. 수년간 여러 학생들이 효과를 본 '검증된 방법'이니 믿고 따라도 된다!

1. 스스로에게 낙인을 찍지 말라

무엇보다도 자기 자신에게 낙인을 찍지 마자. 스스로에게 "시험 때 긴장해서 아는 문제도 틀리고 말거야" 등의 부정적인 이미지를 씌우지 말라는 이야기다. 생각해보자. 스스로에게 "나는 시험 때 긴장하는 사람"이라는 낙인을 찍는 사람은 긴장할 일이 없어도 자기 쪽에서 먼저 긴장을 만들어낸다. 이런 사람은 긴장해서 시험을 그르치는 사태를 막을 방법이 있다고 해도 마음을 닫아 버린다. "어떻게 긴장하지 않을 수 있겠어? 그런 방법이 있다고 해도 나한테는 쓸모가 없을 거야!" 하고 말이다.

물론 실제로 긴장 때문에 시험을 망친 경험이 있을 수도 있다. 그런 경험을 애써 부정하라는 이야기가 아니다. 하지만 과거는 어디까지나 과거다. 과거에 실패를 겪었다고 해서 언제까지나 실패를 되풀이하라는 법은 없다. 이번 시험에서는 지난 때와 달리 좋은 결과를 얻을 수 있다는 가능성을 마음속에 열어두자.

2. 성공의 순간을 마음속에 그려라

자기 이미지가 실현되는 것처럼 자기 예언도 현실이 된다. 어떤 일이 어려울 거라고 생각하는 사람은 쉬운 일도 어렵게 만든다. 문제가 생겼기 때문에 걱정하는 것이 아니라 걱정 때문에 문제를 일으키는 것이다. 이런 사람에게 당연히 현실은 문제투성이일 수밖에 없다.

문제를 예언하기보다는 성공을 예언하자. 그러면 실제로 일을 성공적으로 완수하는 방법이 나타난다. 처음부터 자기는 2등밖에 하지 못할 것이라고 믿고 출발선에 선 육상선수는 언제까지나 2등밖에 하지 못한다. 시험에서도 마찬가지다. 성공한 모습을 상상해보자! 일단 시험장에 미리 가보자. 그래서 공부한 내용을 거침없는 일필휘지로 답안지에 쓴 뒤 만족스럽게 문제지와 답안지를 탁 덮고 일어서는 모습을 한 편의 영화처럼 상상해보자. 정말 영화를 찍는 것처럼 시험 때 앉을 자리에 앉아 연기를 해도 좋다. 좀 우습게 생각되는가? 바로 그것이다! 시험을 심각하고 힘든 일로만 생각하지 말고 이처럼 소소한 재미거리를 만들다보면 시험공부가 힘든 것을 잠시 잊을 수 있다.

때로는 긍정적 태도가 대책 없는 낙관으로 느껴질지도 모른다. 우리는 어릴 적부터 "떡 줄 사람은 생각도 않는데 김칫국부터 마시지 말라"는 식으로 낙관적 생각을 애써 감추도록 교육받아왔다. 그러나 가뜩이나 힘든 난관을 계속 극복해야 하는 대학에서 이런 태도는 아무런 도움이 되지 않는다. 이렇게 생각해보자. 김칫국을 미리 마셔 놓아야 눈앞에 떡이 나타났을 때 냉큼 집어삼킬 수 있다! 앞으로 여러분에게 주어질 떡을 마음속에 그려보자. 그런 김칫국이라면 얼마든지 마셔도 좋다. 명심하라. 성공을 예언하자!

3. 마음속 자원을 활용하자

지금 필요한 것은 어떤 심리 상태인가? 차분함, 자신감, 굳센 의지, 자신만만함, 용의주도함, 창의성, 목표의식, 집중력…… 여러분이 원하는 심리 상태를 적어 내려가자. 땅속에 천연자원이 묻혀 있듯이, 여러분이 원하는 심리 상태는 마음속에 묻혀 있는 '자원'이다.

이제 예전에 여러분이 이런 '자원'을 캐냈을 때를 생각해보자. '차분함'과 '굳센 의지'를 예로 들어볼까? 먼저 차분함과 굳센 의지로 충만해 있던 적을 떠올려보라(분명히 이런 적이 여러 번 있을 것이다. 아니라면 오늘날 여러분의 위치까지 오지도 못했을 테니까). 자, 이렇게 마음속에는 분명히 '차분함'과 '굳센 의지'라는 자원이 존재한다. 이제 관건은 어떻게 이 자원을 되살려내느냐는 것이다.

그럼 이제 그 마음속 자원을 되살려내는 방법을 알아볼 차례다. 먼저 자신을 바로 그 상황, 그 장소와 시간으로 되돌려보자. 머릿속에 그때 여러분의 눈에 어떤 것이 들어왔는지, 귀로는 무엇을 들었는지 떠올려보자. 그때 받았던 느낌을 되살려보자. 그 장소, 그 시간에 누가 함께 있었는가? 어떤 말이 귀에 들어왔고 무엇을 느꼈는가? 이제 현실로 돌아와서 지금 이 자리에 있는 자신을 확인하기 위해 몸을 쭉 뻗어 기지개를 켜자.

자, 이제 기억을 되살리기 위한 어떤 몸짓을 설정해보자. 기본적인 원리는 영화에서 어떤 음모를 꾸민 사람들이 미리 준비한 행동에 대한 신호로 손가락을 '딱' 울리는 것과 똑같다. 손뼉을 쳐도 좋고, 두 주먹을 한두 번 부딪쳐도 좋고, 야구 투수가 공을 던지기 전에 하듯이 손바닥을 맞비벼도 좋다. 그 신호와 함께 여러분은 예전 그 상황으로 돌아가는 것이다. 방금 전과 마찬가지로 당시에 봤던 것들을 눈앞에 떠올리고 귀로는 그때 들었던 소리를 상상하면서 바로 그 순간의 느낌을 되살려 보자. 어느 순간 그때 느꼈던 '차분함'과 '굳센 의지'가 여러분에게로 돌아올 것이다. 마치 예전으로 돌아간 듯한 느낌을 받으면서, 지금 자세를 그대로 유지하자. 여러분이 느끼고 싶어 하는 심리 상태가 최고조에 이르렀다는 느낌이 들면 이제 원래 자세로 돌아오자. 다시 한 번 몸을 쭉 뻗어 기지개를 켜서 현실로 돌아오자.

이런 훈련을 여러 차례 반복하자. 원하는 마음속 자원을 마음대로 얻을 수 있을 때까지 같은 상황을 계속 상상하거나, 다른 자원을 얻기 위해 또 다른 상황을 떠올려도 된다. 그러다보면 여러분이 설정한 몸짓과 여러분이 상상하는 상황이 강하게 연결된 것을 느낄 것이다. 그 몸짓을 할 때마다 같은 단어나 문장, 이를테면 '나는 지금 편안하다'와 같은 말을 반복하면 그 연결 관계가 한층 더 강해질 것이다.

자! 이제 원하는 심리 상태를 언제든지 마음대로 켤 수 있는 '스위치'를 얻었다(이 '스위치'에 대해서는 뒤에 다시 다룰 것이다). 스위치를 켜면 언제든지 차분해질 수도, 자신감 넘칠 수도, 집중할 수도 있다. 마음속 자원이 어디 있는지 환히 꿰뚫고 있는 셈이다. 그리고 이제는 그 소중한 자원들을 미래의 시험시간으로 '수출'할 수도 있다. 눈을 감고 시험장에 있는 자신을 상상하자. 그 상황에서 보고 듣고 느끼게 될 것들을 미리 체험하자. 지금 여러분이 가진 마음 속 자원을 그 장소에서 미리 몸짓으로 느껴보자. 어떤 느낌이 드는가? 이제 실제 시험장에서도 똑같이 차분하고 자신감 넘치는 '자원이 풍부한' 여러분이 될 수 있을 것이다.

4. 잡생각을 떨쳐내는 방법

머릿속에 자꾸 잡생각이 떠오른다면? '다 소용없는 짓이야' 또는 '공부는 집어치우고 놀러나가자'라는 악마의 목소리가 머릿속에 윙윙거린다면? 이런 목소리에 굴복하는 것은 목표에 이르는 길을 스스로 포기하는 것이다.

시험 기간에는 이런 잡생각을 얼른 떨쳐버려야 한다. 그러려면 어떻게 해야 할까? 상상력을 사용해서 잡생각을 떨쳐내자. 공부를 잠깐 접어두고 아예 잡생각에 '집중'하자. 머릿속에 윙윙거리는 귀찮은 목소리를 만화영화 캐릭터나 싫어하는 정치인, 아무튼 그다지 마음에 들지 않는 인물의 목소리로 바꿔 보자. 이왕 바꾼 김에 음량도 크게 키워서 머릿속에서 누가 와글와글 소리 지른다고 생각하자. 아예 고막이 터질 듯 시끄러운 헤비메탈 음악을 배경으로 깔아볼까? 이제 머릿속이 온통 상상의 소음들로 시끄러울 것이다. 자, 이 모든 시끄러운 소리들은 한 라디오에서 나오는 것이다. 이제 이 불청객들을 머릿속에서 몰아낼 차례다.

손을 내밀어서(진짜로 내밀자), 상상 속 라디오의 음량 조절 다이얼을 돌려서(손가락으로 다이얼을 돌리는 시늉을 하자) 소리를 점점 낮추자. 끝까지 돌려서 마지막에는 "딸깍"(입으로 소리를 낸다) 하고 라디오를 끄는 것이다.

우습게 들리는가? 먼저 일단 실제로 해보라. 목소리가 완전히 사라질 때까지 몇 차례 반복해도 된다. 그러면 머릿속에 울리는 거슬리는 잡생각을 다스리는 방법을 터득할 수 있다. 손을 내밀어 다이얼을 돌리고 "딸깍"이라고 말하기만 하면 잡생각이 한순간에 사라진다. 실제로 유명한 몇몇 운동선수들은 연습에 집중하기 힘들 때 이런 방법을 사용한다.

평소 걱정이 많은 타입인가? 걱정은 일어나지 않아도 되는 재난을 실제로 일어나게 하는 녀석이다. 일어나지 않았으면 하는 상황이 일어나는 상상이 자꾸 떠오른다면 역시 상상력을 발휘해서 걱정을 물리치자. 간단히 말해 그 상황의 이미지를 왜곡시키는 것이다. 색깔 있는 유리 너머로 보는 것처럼 장면을 온통 초록색이나 빨간색 또는 흑백으로 바꿔보자. 또는 모든 상황을 머릿속에 그린 액자 속에 집어넣고 그 액자를 돌리거나 뒤집어버리자. 여러분이 걱정하는 상황이 더 이상 심각하게 느껴지지 않고 마치 사진 속 일처럼 멀게 느껴질 때까지 이런 상상을 반복하자.

소리와 영상이 생생히 떠오른다면 앞서 상상 속 라디오를 활용했던 것과 비슷하게 영화로 만드는 것도 좋다. 영화를 아주 빠르게 감아서 영상을 왜곡시키고 거꾸로 감아도 보자. 이번에는 이 영화가 텔레비전에 방영된다고 생각하자. 갑자기 트럭 한 대가 달려와서 텔레비전을 싣고는 멀리 가버린다. 트럭이 멀어질수록 화면과 소리는 점점 작아져서 결국 알아볼 수 없게 된다. 자, 멀어져 가는 트럭을 향해 "잘 가~"하고 손을 흔들어주자. 트럭이 여러분의 잡생각을 싣고 가버린 것이다.

이런 연습이 우스워 보일 수도 있지만 잡생각을 멀리 던져버리는 데 분명히 도움이 된다. 인간은 생각의 많은 부분을 음성이나 영상 등의 이미지로 바꾸어 저장한다. 잡생각을 음성이나 영상 이미지로 바꾼 뒤 또 다른 이미지를 활용하여 잡생각을 없애는 훈련을 하면 실제로 효과를 볼 수 있다.

5. 과거의 나쁜 기억으로부터 벗어나라

많은 사람들이 때때로 그러듯 여러분에게도 과거의 실수나 실패 때문에 불안감이나 심지어 신체적·심리적인 문제(두통, 발한, 소화불량 등)가 나타날 수 있다. 시험 때와 같이 스트레스가 쌓인 상황에서는 특히 과거의 나쁜 기억이 문제가 되기 쉽다. 어떨 때는 나쁜 기억이 너무나 생생한 나머지 기억 속의 바로 그 장소, 그 시간에서 당시에 있었던 사람들과 다시 마주치는 듯한 느낌을 받기도 한다. 이런 기분 나쁜 상황에서 벗어나려면 과거의 나쁜 기억에서 벗어나는 방법을 알아야 한다. 여기 그 방법의 예가 몇 가지 있다.

먼저 마음속 나쁜 기억의 상황을 다시 떠올려보자. 시간을 되돌려 그때라고 상상하자. 당시 무엇을 보고 들었으며 어떤 생각을 했는지 재구성해보자. 당시 상황을 너무 구석구석 떠올리느라 다시 기분이 상하거나 시간을 너무 오래 끌지 말자! 자, 현재로 돌아와서 손을 툭툭 털고 허리를 쭉 편 뒤 다른 의자로 가서 앉자.

이제 여러분이 방금 비운 자리에 나쁜 경험을 겪었던 당시의 여러분이 앉아 있다고 눈앞에 그려보자. 그런 다음 마치 다른 사람이 조언하듯 당시의 여러분에게 조언하는 것이다. "앞으로는 좋은 일만 있을 거야. 넌 할 수 있어. 그때의 실수에서 많은 것을 배웠잖아? 그러니 이제 뭐가 바뀌었는지 보여줄 차례야. 옛날 일에 자꾸 발목을 잡히지 말고 앞으로는 좀 더 잘해보자. 할 수 있지?"라고 옛날의 자신을 다독여주자. 나쁜 기억이 마음속에서 눈 녹듯 사라지는 것을 느낄 것이다.

6. 객관적인 자세를 유지할 것!

낙천적인 자세만큼이나 객관적인 자세 또한 필요하다(이 둘은 서로 충돌하는 자세가 아니다!). 객관적인 자세란 '지금의 나'를 잠시 제3자의 입장에서 돌아보는 것을 말한다. 해본 적이 없어서 모르겠다고? 살아오면서 지금까지 있었던 일들로부터 감정이나 행동 방식을 형성해온 "'지금의 나'란 존재가 과거의 경험에서 무엇을 배웠는가?" "지금의 감정 상태는 내가 처한 상황에 적합한가, 아니면 과거의 감정이 아직까지 남아 있는가?" 따위의 질문들을 마치 다른 사람에게 묻는 것처럼 던지는 상황이 얼마나 흥미로운지 직접 경험해보면 알게 될 것이다.

　　잠시 제3자가 되어 다른 사람에게 질문하는 것처럼 자신에게 질문을 던지는 행위는 여러분의 행위를 객관적인 시각에서 냉정하게 분석할 수 있도록 도와준다. 이렇게 함으로써 여러분은 과거의 자신과 현재의 자신 모두로부터 거리를 유지할 수 있다. 이런 연습은 두 개의 자아가 대립할 때, 예를 들어 과거의 실패를 딛고 새로운 자신을 만들어야 할 때 특히 도움이 된다.

사람이 슬퍼하거나 화내는 것을 보고 있노라면 자신까지 덩달아 슬퍼지거나 화가 나는 경우가 있다. 이것은 개인의 내부에서도 마찬가지다. 좋지 않은 기억을 자꾸 회상하다 보면 그때의 감정이 되살아나 현재 기분까지 덩달아 나빠지게 된다. 이럴 때 잠시 제3자가 되어 예전의 자신으로부터 벗어나보자. "이봐, '예전의 나'야, 왜 그렇게 화를 내고 있지? 무슨 일이 있었던 거야? 차근차근 말해봐"라고 스스로에게 말해보자. 이렇게 하면 감정에 영향을 받지 않고 객관적인 시선으로 예전의 그 문제를 분석할 수 있을 것이다.

7. 새로운 관점으로 시험을 바라보기

시험을 보는 관점은 사람마다 다르다. 여러분에게 시험이란 무엇인가? 시험을 '시련'으로만 생각한다면 조금 다른 관점으로 바라보는 연습을 하자. 어떻게 생각하면 시험은 산더미같이 쌓인 참고문헌을 사흘 밤낮으로 뒤져가며 열 장짜리 리포트를 쓰는 대신에 한 학기동안에 배운 내용을 깔끔하게 한두 시간 동안 평가하는 '쉬운 길'이다. 에세이나 리포트를 쓸 때 인용구 하나에도 얼마나 복잡한 인용부호와 주석을 붙여가며 격식을 차려야 하는지 안다면 이런 주석이나 참고문헌과 씨름할 필요가 없는 시험이 차라리 낫다는 생각이 들지 않는가?

대개 시험에서는 참고문헌을 뒤적이며 꼼꼼히 연구하는 대신 '큰 그림'의 차원에서 접근한다. 또 기존 연구의 문제점을 집어내거나 일반화된 명제를 구체적 사례로 검증하는 한편 수업을 들으면서 어떤 점에 흥미를 느꼈는지, 무슨 생각을 했고 어떻게 사고를 발전시켰는지를 다룬다. 이 모든 생각과 지식을 조합하여 한 편의 체계적인 답안으로 구성하는 기술이 바로 여러분이 채점자에게 보여야 할 능력이다. 여러분은 한 학기 내내 이 순간을 대비해서 스스로를 단련시켜 왔다. 이제 그 능력을 펼쳐 보일 때가 왔다!

8. '즐거워지는 스위치'를 달자

시험이 가까워오면서 이유를 알 수 없는 불안감이 점점 커진다면 '왜' 그 불안감이 생겨나는지 알아보려고 애쓰는 것은 그다지 도움이 되지 않는다. 결과적으로 불안감이 해소되기는커녕 더욱 커질 뿐이다. 불안감이 생겨나는 이유를 알아냈다고 하더라도 자칫하면 '내가 불안해도 되는 이유'로 변질되기 쉽다. 다른 방법을 써보자. 자신이 불안한 심리 상태로 가는 '경로'를 단계별로 짚어보자. 불안감이 생겨나기 시작할 때 머릿속에 과거의 나쁜 기억이 떠오르는가? 그렇다면 여러분의 문제점은 과거의 나쁜 기억을 끄집어내서 스스로를 불안하게 만드는 것이라고 진단할 수 있다. 이제 이 문제점을 해결해보자!

사실 지금까지 다루었던 '시험에 대처하는 자세'야말로 잠재력을 최대한 발휘할 수 있는 방법이다. 그러니까 앞의 일곱 가지 방법을 빼먹지 말고 사용하자. 그리고 불안한 심리 상태로 가는 경로를 짚었던 것처럼 이번에는 편안한 심리 상태로 가는 경로를 짚어 보자. 무엇을 보고, 무엇을 스스로에게 말하고, 무엇을 느꼈으며 그에 따라 마음이 어떻게 변하였는가? 그런 다음 의식적으로 그 경로를 그대로 따라가는 연습을 하자. 소품을 이용해서 밝은 마음의 '스위치를 켜는' 것도 좋다(앞서 소개한 '마음속 자원을 활용하자'에서 다루었던 그 '스위치'와 비슷하다). 예를 들어 자신이 좋아하는 휴대전화 바탕화면을 볼 때마다, 아니면 초콜릿을 먹을 때마다, 모카 라테를 마실 때마다 편안한 심리 상태로 가기로 스스로에게 약속하는 것이다. 그렇게 하면 이제 여러분은 켰을 때 한순간에 편안하고 밝은 마음으로 가는 자기만의 스위치를 가진 셈이다. 거창한 준비물이나 훈련은 필요 없다. 여러분도 할 수 있다는 것을 기억하자!

다음 방법으로 넘어가기 전에 한 가지. 밝은 마음으로 가는 경로는 한 가지가 아니다. 순서를 바꾸거나, '스위치'가 되는 것을 바꿔보자. 어느 시점에서는 다른 일을 시도하면(예를 들어 초콜릿을 먹는 대신 모카 라테를 마시면) 다른 심리 상태(명랑해지는 대신 차분해지는 등)가 나타날 것이다. 필요에 맞게 여러 스위치들을 켜고 끄는 법을 익히자!

9 마스코트를 만들자

가끔 좋은 뜻을 상징하는 대상에 자신을 비유하는 것도 도움이 된다. 어떤 사람들은 자신 또는 다른 사람을 고양이 등의 동물이나 해바라기, 큰 고목나무 등의 식물에 비유하기도 한다. 비룡이나 유니콘 같은 판타지 세계의 존재나 부드럽고 맛있는 아이스크림, 향기 좋은 커피 등에 비유하는 사람도 있다. 자신을 차곡차곡 쌓아올리면서 살아온 사람이라면 피라미드에, 거침없이 일을 밀어붙이는 사람이라면 불도저에 비유할 수 있을 것이다. 자, 시험 앞에서는 아무리 밀어도 쓰러지지 않고 다시 일어서는 오뚝이가 되어보면 어떨까? 자신을 상징하는 존재를 하나쯤 갖고 있으면 여러분의 장점(참을성이나 친절함, 추진력 등)을 더욱 강화하고 자존감을 높이는 데 도움이 된다. 여러분의 가치와 소중함은 시험을 잘 보는 데에서 나오는 것이 아니라는 것을 명심하자. 여러분 자신이 스스로를 가치 있고 소중한 사람으로 만드는 것이다. •

• 여기에 소개된 아홉 가지 방법들은 신경 언어 프로그래밍^{NPL: Neuro-Linguistic Programming}'이라는 분야의 훈련 과정을 참고하였다. NLP는 '인간의 주관적 경험의 구조에 관한 연구'라고 정의할 수 있으며, 그 주요 내용은 경험이 인간에 영향을 미치는 과정과 그에 대해 인간이 반응하고 행동하는 과정이다. 이 과정들은 우리가 생각하거나 감정을 느끼고, 언어를 사용하고, 그에 따라 행동하는 모든 것(즉, '신경' '언어' '프로그래밍')에 적용된다. NLP에 대해 좀 더 자세히 알고 싶다면 책 뒤쪽 '추천자료'에 수록된 NLP에 관한 서적들을 참고하기 바란다.

잠을 충분히 잘 것!

시험 기간에 하루 종일 신경을 곤두세우고 공부하다보면 오히려 잠이 잘 오지 않을 때가 있다. 피곤한 몸을 이끌고 잠자리에 누웠는데 공부한 내용이 자꾸 떠오른다면 어떻게 해야 할까? 여기 네 가지 처방이 있다.

(1) 공부를 마치는 시간과 잠자리에 드는 시간 사이에 휴식 시간을 갖자. TV를 보면서 긴장을 풀거나 잠시 동안만이라도 재미있는 '딴짓'을 하자. 유자차나 코코아 등 카페인이 없는 따뜻한 음료를 마시는 것도 좋다. 팔굽혀펴기나 계단 오르내리기 등 가벼운 운동도 효과가 있다.

(2) 잠자리에 누워서 할 수 있는 이완 운동도 있다. 쉽게 말해 몸 전체의 근육을 긴장시켰다가 힘을 빼는 것이다. 먼저 발가락을 위로 구부려 몇 초 동안 그대로 있다가 힘을 빼자. 다음에는 아래로 한껏 구부려 발이 아치 모양이 되도록 한 다음 다시 힘을 빼자. 이번에는 발 전체를 위로 당겨 뒤꿈치와 종아리 근육을 긴장시킨다. 역시 몇 초 동안 그대로 있다가 힘을 빼자. 이렇게 긴장시키기, 몇 초 동안 그대로 있기, 이완시키기의 순서로 넓적다리, 등, 배, 가슴, 어깨 등 몸통 근육을 풀어준다. 그런 다음 손가락, 손, 팔뚝, 팔꿈치, 어깨 등 팔 근육, 목, 턱, 얼굴, 뒤통수 등 머리 근육도 마찬가지로 풀어주자.

(3) 간단한 운동을 한 가지 더 소개하겠다. 배가 움직일 정도로 깊이 숨을 들이마시고 내뱉는 동작을 반복하자. 들이마시고 내쉴 때마다 숫자를 세도록 한다.

들이쉴 때 "흡" 내쉴 때 "하나" 다시 들이쉴 때 "흡" 내쉴 때 "둘"과 같이 숨을 쉬면서 숫자를 세자. 좀 더 재미있게 하려면 숨을 내쉴 때 윈도 창의 오른쪽 위에 있는 'X'(창 닫기) 아이콘을 눌러서 화면이 꺼지는 상상을 해보자. 열 번에서 스무 번 정도 되풀이하면 긴장이 풀리는 것을 느낄 것이다.

(4) 마지막으로 머리맡에 수첩과 펜을 놓아두는 방법이 있다. 자꾸 답안에 대한 아이디어나 다른 시험 생각이 난다면 아예 시간을 좀 투자해서 수첩에다 적어 놓는 것도 좋다. 이렇게 생각을 '배설'하고 나면 그 생각에서 해방될 수 있다.

기억 창고는 의식의 영역과 무의식의 영역으로 나뉘어 있다. 자신감이 부족하면 무의식의 영역에 넣어 둔 내용을 잘 찾아내지 못한다.

반대로 편안한 상태에서 정신을 집중하면
무의식 영역의 내용까지도
의식의 영역으로 끌어올 수 있다.

04

시험 당일

일찍 일어나는 새가
점수를 잡는다

시험을 포기하지 말자!

절대로, 절대로 응시 자체를 포기해선 안 된다. 늦게나마 시험을 보는 것과 아예 시험장에 나타나지도 않는 것은 하늘과 땅 차이다. 아예 시험을 보지 않는 것은 감독 측이 부과하는 어떤 불이익도 감수하겠다는 의미다.

늦잠을 잤거나 버스 또는 지하철이 늦게 오더라도 되도록 시험장에 빨리 도착하도록 노력해야 한다. "나중에 따로(또는 다시) 볼 수 있겠지"라는 생각으로 응시 자체를 포기해선 안 된다. 일단 시험이 종료되고 다른 응시자들이 시험 문제와 그에 대한 정보를 갖고 시험장을 나서는 순간 여러분은 그들과 같은 조건과 자격으로 응시할 자격을 박탈당하게 된다. 시험 감독(이 경우에는 교수님) 측 전화번호를 따로 적어두거나 휴대전화에 입력시켜 놓고, 비상사태가 발생했을 때 시험에 늦는 이유와 언제쯤 도착할지를 설명하고 늦게 도착해도 응시가 허용될지 반드시 문의해야 한다.

시험 준비물

시험 주최 또는 감독 측으로부터 받은 것들(이름표나 시험 신청 영수증 등)과 함께 시험장 약도, 수험표 등을 모두 챙겨가야 한다. 시험을 보는 교실과 책상까지 미리 지정된 경우가 많으므로 자기 자리를 찾을 시간을 충분히 남겨 두고 미리 시험장에 도착해야 한다. 시험장에 도착하면 교실 바깥에 좌석배치표가 그림으로 붙어 있을 것이다.

시험에 사용되는 종류의 펜을 한두 개 여분까지 포함해서 가져가자. 요즘에는 OMR 답안지를 사용하는 시험이 많은데, 이때는 여러분의 펜이 컴퓨터용이 맞는지 확인해야 한다(기껏 고른 답이 모두 무효 처리될 수도 있다). 계산기를 사용하는 시험이라면 배터리가 충분한지도 확인해야 한다.

점심시간이 중간에 낀 시험이라면 도시락을 가져가야 할 때도 있다. 이때는 다른 응시자들에게 방해되지 않게 냄새가 심한 음식을 피하고, 비닐포장 등이 부스럭거려서 시끄러워지지 않게 주의하자. 음료의 경우에도 소리나 냄새로 다른 응시자들을 방해하지 않게 조심하자.

시험장에 도착하면

시험 당일 전까지 "각도기와 컴퍼스는 주최 측이 제공하며, 공학용 계산기는 개인 준비물입니다"와 같이 무엇이 감독 측으로부터 제공되고 무엇을 응시자 측에서 준비해야 하는지 이미 통보받았을 것이다.

대부분의 시험에서는 진행의 투명성을 위해 시험에 필요하지 않은 소지품은 가방에 넣어 시험장 앞이나 뒤쪽에 함께 보관한다. 불필요한 오해와 불이익을 막기 위해 필요한 물품 외의 것(휴대전화, 오답 노트나 시험 직전 준비 자료 등)을 책상 위나 안에 넣어두지 말자.

답안지

책상 위에는 빈 답안지가 놓여 있을 것이다(시험이 시작되고 나서 나눠주는 경우도 있다-역자 주). 시험지가 낱장이라면 앞면 위쪽, 여러 장이라면 표지에 수험생 정보(수험번호, 시험 과목 이름, 일시, 시험지 번호 등)를 기입할 빈칸이 있을 것이다.

또 답안지 앞에는 응시자가 따라야 할 주의사항이나 각종 안내문, 예를 들어 "연필로만 쓸 것' 또는 "답안 사이는 세 줄씩 비울 것" 등이 인쇄되어 있을 것이다. 시험 시작 전에 완벽하게 숙지해서 모르는 사이에 불이익을 당하는 일이 없어야 한다.

많은 경우 답안지 외에 다른 종이는 제공되지 않는다. 볼펜을 사용하는 경우 수정액을 사용할 수 없을 때도 많다. 이럴 경우 답안을 수정해야 한다면 해당 부분 위에 삭제 표시를 하고 수정하면 된다.

답안지가 묶음 형태가 아니라 종이 낱장 형태라면 감독관에게 빈 답안지를 더 달라고 부탁할 수도 있다. 답안이 길어져서 공간이 모자랄 때도 마찬가지다. 다른 응시자에게 방해가 되지 않게 조용히 손을 들고 감독관에게 도움을 요청하자.

시험 문제지

시험 문제가 봉인되어 있는 경우에는 별도 지시가 있을 때까지 뜯지 말고 기다려야 한다. 봉인이 미리 뜯겨 있는 경우에는 즉시 감독 측에 알려야 한다. 문제지 표지 또는 시험장에 안내되어 있는 주의사항을 잘 읽고 문제를 풀 때 정확하게 지시에 따라야 한다. 문제지가 3~4가지 영역으로 나뉘어 있을 때도 있다(특히 어학능력시험의 경우 읽기, 쓰기, 말하기, 듣기 등의 영역으로 나뉘어 있을 때가 많다). 이 경우 문제지의 지시를 주의 깊게 읽어야 한다. "A영역에서 1문제 이상, B영역에서 1문제 이상을 골라 총 3문제에 답하시오" 등의 헷갈리는 지시가 주어질 때도 있기 때문이다. 그렇다면 A영역에서 1문제, B영역에서 1문제를 고르고 나면 나머지 1문제는 어느 영역에서 고를지 마음대로 결정할 수 있다. 따라서 A영역에서 2문제, B영역에서 1문제를 고르거나 또는 그 반대로 골라야 한다. 한 영역에서 3문제를 다 선택하거나 각 영역에서 1문제씩만 골라 2문제에 답한다면 감점 당하게 된다(문제를 서둘러 푸느라 지시사항을 건성으로 읽는 학생들이 이런 실수를 많이 저지른다. 그런 학생이 의외로 많다!).

먼저 시험 문제를 전체적으로, 그러나 주의 깊게 훑어보자. 가끔 어떤 시험에서는 아예 답안지에 손대지 않은 채 문제를 훑어보는 시간을 별도로 3분쯤 주기도 한다. 문제지에 낙장이나 파본이 없는지, 인쇄 실수가 없는지 앞뒤 페이지를 넘겨가며 페이지 번호를 꼼꼼히 맞춰보자. 시험이 끝난 뒤 빈 페이지인 줄 알았던 영역이 사실 인쇄 실수로 누락된 페이지였거나 문제지의 앞 페이지만 보느라 뒤 페이지 문제를 놓친다면 그것만큼 후회되는 일이 없을 것이다 (이런 비극도 생각보다 자주 일어난다).

무엇보다 문제지를 전체적으로 훑어보면 출제자가 각 영역을 어떻게 구분했는지 알 수 있다. 답안의 양과 깊이를 조절하는 데도 도움이 된다. 예를 들어 정치행정학 수업에서 1번 문제에 정책 입안에 관한 내용이 나오고 2번 문제에 압력단체에 관한 내용이 나온다면, 당연히 1번 문제에 답할 때 압력단체에 대한 내용을 너무 많이 쓰면 곤란할 것이다. 2번 문제에 쓸 내용이 없을 테니까. 반대로 압력단체에 관한 2번 문제 답에 정책 입안에 대한 설명이 너무 많으면 곤란하다. 분명히 서로 다른 두 개 이상의 문제에 완전히 같거나 일부가 중복되는 답변을 쓰면 감점 요인이 된다. 잠깐! 물론 문제지를 '훑어' 보는 데 시간을 너무 소비해서 정작 답안을 작성할 시간이 모자라서도 안 될 것이다.

문제지가 잘못 만들어지는 경우는 매우 드물다. 하지만 가능성은 언제나 존재한다. 만약 시험 문제가 불완전하거나 뜻이 통하지 않는다고 생각되면 손을 들어 감독관에게 뜻을 전하자. 만약 그 문제 제기가 옳다고 생각되면 감독관은 출제자에게 연락을 취하거나 (출제자가 아닌 감독관이 학생에게 개인적으로 문제를 설명할 수는 없다), 그 자신이 출제자라면 해당 사실을 응시자 모두에게 알리고 문제를 수정할 것이다. 현장에서 문제를 수정할 수 없는 경우라면 대개 답안지 채점 때 문제에 오류가 있음을 고려하여 응시자 전원이 정답 처리된다.

시험시간에 유용한 전략들

(1) 어떤 사람들은 어려운 문제를 먼저 풀고 쉬운 문제는 시간이 촉박할 때를 대비해 남겨둔다. 하지만 사람들은 대부분 잘 아는 주제에 먼저 손을 댄다. 어려운 문제를 풀 때가 됐을 때 준비운동이 충분히 된 머리로 자신 있게 도전할 수 있기 때문이다. 시험 도중에 갑자기 배가 아프거나 두통이 밀려와서 시험 뒷부분에 정신을 제대로 집중하지 못할 수도 있다. 이럴 때 쉬운 문제를 여러 개 미리 풀어 놓았다면 잃는 점수를 그나마 줄일 수 있을 것이다.

(2) 가능하면 모든 문제에 답하도록 하자. 예를 들어 시험에 나온 문제 4개 중에서 3개에 답했다고 치자. 답한 문제가 모두 10점 만점에 8점을 받았다고 해도 총점은 40점 만점의 절반 정도인 24점에 불과하다. 반대로 4개 모두 답하고 각 문제에서 앞서보다 낮은 7점을 받았다고 해도 총점은 28점으로 오히려 더 높다. 따라서 놓치는 문제가 없도록 시간 안배를 잘해야 한다. 마지막 문제를 남겨놓은

상황에서 시간이 10~15분밖에 없다면 가장 중요한 요점만이라도 정리해서 개요 수준의 답안이라도 쓰자. 여기에서 건질 수 있는 '고작' 몇 점이 학기말 성적 결산에서 학점을 판가름할 수도 있다.

(3) 출제자들은 응시자들이 문제 번호 순서대로 답안을 쓸 것이라고 예상하지 않는다. 또 시험 문제들은 대부분 서로 독립적인 것으로 간주된다. 따라서 "앞 문제에서 말했듯" "3번 문제에서 다루었듯"과 같은 설명은 하지 않는 것이 좋다. 두 문제의 범위가 겹치는 경우 같은 자료를 양쪽 모두에 사용하는 것도 피해야 한다. 가능하면 답안끼리 겹치는 부분이 없도록 주의하자. 그렇지 않으면 알고 있는 내용이 빈약해서 같은 내용을 여기저기 끌어다 쓴 듯한 인상을 주기 쉽다.

(4) 선택형 시험 문제, 즉 "A 또는 B 중에서 하나를 골라 답하시오"와 같은 문제의 경우 지시를 주의 깊게 읽지 않으면 A와 B 모두를 푸는 경우가 생긴다(의외로 많은 학생들이 긴장 때문에 지시를 읽지도 않고 무작정 문제에 손을 댄다). 이런 유형의 문제들은 두 문제 사이에 어느 정도 공통되는 부분이 있을 때가 많다. 따라서 만약 A문제를 풀다가 막히는 부분이 있을 때 B문제를 얼른 훑어보면 참고할 만한 내용이나 구성의 실마리를 찾을 수도 있다.

(5) 학생들이 흔히 하는 실수 중 하나가 "이 질문에 대답하기에

앞서"라는 표현으로 답안을 시작하는 것이다. 질문을 대답하기에 '앞서' 써야 할(더군다나 채점자가 읽어야 할) 내용이란 존재하지 않는다. 이런 표현은 그야말로 사족(蛇足: 뱀 다리)이다.

(6) 쓸 말이 없다고 해도 "앞서 말했듯"과 같은 표현으로 같은 말을 반복하지 말자. 차라리 그 시간에 다른 방향으로 생각해보는 편이 낫다.

(7) 시험 시간이 제한되어 있기 때문에 쓰는 속도를 가능한 빠르게 유지해야 한다. 하지만 글씨를 알아볼 수 있게 쓰는 것도 중요하다(140쪽 〈글씨를 예쁘게 쓰자〉를 참고하자). 글씨가 큰 편이라서 줄line과 줄 사이를 비우는 편이 낫겠다는 생각이 들면 이 때문에 불이익을 당하는 일이 없는지 먼저 문의하자. 아직까지 답안을 쓸 종이를 더 달라고 했다고 해서 어떤 불이익을 당한 사례는 들어본 적이 없다.

　글씨를 얼마나 잘 쓰는지와는 별개로 각 문단 사이는 한 줄씩 띄워 확실히 구분하자. 글씨가 숨 막히도록 빽빽하게 들어찬 답안보다 훨씬 읽기 쉽기 때문에 채점자가 여러분의 답안에 호의적으로 접근할 것이다.

(8) 별도의 지시나 규정이 없더라도 각 문제의 답안은 매번 새로운 쪽에 작성하는 것이 좋다. 채점자가 답안을 구별하기에 훨씬 편

할 뿐더러 답안 작성을 마친 뒤 다른 아이디어가 떠오를 때 덧붙일 공간을 남겨두는 목적도 있다. 같은 맥락에서 나중에 떠오르는 아이디어를 각주로 넣기 위해 페이지마다 맨 아래에 두세 줄 정도는 남겨두자.

(9) 대개 축약어나 약자를 사용하는 것은, 특히 외국어 단어를 쓸 때 아무 문제가 없다(이에 대해서도 해당 학과나 시험 감독 측에 미리 문의하자). 다만 그 축약어와 약자가 무엇을 의미하는지 답안 속에 분명히 밝혀야 한다. 예를 들어 '지방자치단체'를 '지자체'로 쓰려면 그 축약어를 처음 사용할 때 '지자체(지방자치단체)'와 같이 괄호를 사용하여 원래의 단어를 밝힌다면 다음부터는 축약어를 그대로 사용해도 무방하다. '종합부가가치세'는 '종부세'로, '안전행정부'는 '안행부' 등으로 줄여 사용할 수 있다. 'FTA Free Trade Agreement' 'ESL English as a Second Language'와 같은 외국어 단어의 경우에도 마찬가지이다.

답안지는 이렇게 작성하자

이제 여러분이 답안 작성 훈련을 하느라 투자했던 모든 노력이 결실을 거둘 차례다. 아래는 83쪽 체크리스트 10에서 정리한, 답안 작성 계획에 포함시켜야 할 사항들이다. 이렇게 가장 기본적인 틀에서 답안 작성을 시작해보자.

- 서론
  - 논의의 배경·맥락
  - 시험 문제의 해석
  - 방법론
  - 대상 자료
  - 다음 장들에 대한 대략적인 언급
- 발견점, 추론·분석 과정 및 그 결과
- 논의
- 결론

    그런 다음 각 부분에 구체적으로 어떤 내용이 들어가는지 점차 (하지만 신속하게) 추가해나가자. 아무리 잘 아는 주제라도 처음부터 끝까지 줄곧 써 내려가는 일은 피해야 한다.

    특히 주의를 기울여야 할 부분은 '시험 문제의 해석' 단락이다. 출제자가 묻는 바에 정확하게 답하고 논점에서 벗어나지 않기 위해서다. 그런 다음 어떤 방법을 택할지 생각해보자. 질문에 대한 체계적인 접근이야말로, 그저 책을 많이 읽었음을 자랑하려는 듯 본문 내용을 여기저기 그대로 옮겨 놓은 헛수고보다 훨씬 좋은 점수를 받는 지름길이다(책의 내용을 이해하는 것은 중요하다. 하지만 대학 시험은 기억력 검사가 아니라는 사실을 명심하라).

    '결론' 단락에는 답안을 더 흥미롭게 만들 만한 재미있는 아이디어(앞으로의 논의 방향이나 기존 연구의 허점 등)를 몇 개 추가하면 좋다. 당장 그 아이디어들을 모두 다룰 수는 없겠지만 채점자는 아마 여러분의 창의성을 높이 평가할 것이다.

긴장하거나 당황하지 말자

문제가 생각보다 어렵거나 기타 등등의 이유로 당황스럽다면 먼저 크게 숨을 들이쉬자! 시험 중 어느 때라도 긴장이 과도하다고 느껴지면 잠시 크게 숨을 들이쉬고 내뱉자. 여기에는 과학적인 근거가 있다. 긴장해서 호흡이 얕고 빨라지면 이산화탄소가 혈류에 누적되어 두통이나 답답함, 어깨 결림 등의 증세를 일으킨다. 심지어 일부러 호흡을 빠르게 함으로써 긴장감을 인위적으로 불러일으킬 수도 있다. 그러므로 천천히 호흡하자. 큰일을 마치고 "휴우~"하고 한숨 돌릴 때처럼 깊게 숨을 내쉬어보자. 가능한 깊게 숨을 내쉬면 다음 호흡에서는 깊게 들이마시게 될 것이다. 또한 깊고 큰 호흡은 인간이 긴장 상황에서 만들어내는 과도한 아드레날린을 조절하는 구실도 한다. '시험이 끝나면'이라는 즐거운 상황을 상상하면서 그 상황에서 할 법한 자세를 취하자. 만족스럽게 한숨을 내쉬면서 잠시 편한 자세를 취하고 잠깐 미소를 지어도 좋다(웃음의 탁월한 심리적 효과에 대해서는 여기서 새삼 말할 필요가 없을 것이다). 이렇게 몸을 잠시 편하게 해주면 마음까지 덩달아 편해지는 효과가 있다.

자, 142쪽에서 함께 알아보았던 〈시험에 대처하는 우리의 자세〉를 떠올려보자. 여러분이 설정한 작은 몸짓, 여러분이 지금 얻고 싶은 마음속 자원을 불러내는 그 '스위치'를 떠올리자. 차분하고 굳은 의지로 가득한 마음의 상태를 불러내고, 언제든지 마음먹은 대로 그렇게 될 수 있다는 것을 다시 한 번 확인하자.

 이제 시험 문제로 눈을 옮기자. 주제에 관하여 대략적인 개요를 잡고 관련 용어를 옆에 적어 놓아도 좋다. 어느 순간 굳게 잠겨 있던 어떤 부분이 활짝 열리면서 두뇌 안에 있던 지식과 정보들이 쏟아져 나올 것이다. 그것들을 하나하나 모아 답안으로 완성해가다 보면 어느새 여러분을 억누르던 긴장이 사라지고 자신 있게 시험을 치르고 있는 자신을 발견할 것이다!

시험이 끝난 뒤에는

시험이 끝난 뒤에는 무엇을 하면 좋을까? 대부분 시험이 끝난 것을 축하하기 위해 놀러가거나 파티를 열기도 한다. 여기에는 단순히 즐기는 것 이상의 이유가 있다.

시험이 끝난 뒤에 답안에 대한 생각을 떨쳐버리기는 의외로 힘들다. 대부분 시험이 끝난 뒤에야 '아! 왜 답을 이렇게 저렇게 쓰지 않았을까!' 하고 후회한다. 물론 필요 없는 걱정이다. 재미있게 즐기다보면 이처럼 쓸데없는 생각을 지워버릴 수 있다. 스스로에 대해서 어떻게 생각하든 시험은 이미 지나간 일이고 최소한 여러분은 무사히 시험을 치러냈다. 그것만으로도 즐길 자격이 있다.

굳이 지나간 시험 답안을 그 자리에서 맞춰보거나 시험 문제 또는 출제자의 의도에 대해 토론하거나 심지어 누구의 답이 가장 높은 점수를 받을지 열심히 토론하는 행위는 피하자. 이러다보면 시험 때 긴장감이 고스란히 남게 된다. 이런 토론을 즐기면서 괜히 다른 사람까지 긴장하게 만드는 학생이 종종 있다.조언하건대 그런 부류에 속하지 말자. 시험이 끝난 뒤에까지 긴장할 필요는 전혀 없다. 이제부터 할 이야기 또한 마음에 새겨둘 만하다. 대학에서의 경험에 비추어볼 때 시험을 마친 학생들은 자신이 얼마나 시험을 잘 보았는지 제대로 판단하지 못한다. 자기가 친 시험이 어땠는지 떠벌이는 학생들의 말은 듣기에는 그럴 듯하지만 근거는 전혀 없다. 그러니까 일단은 시험을 잊어버리자. 이미 지나간 시험 생각에 마음을 빼앗기고 걱정할 시간에 차라리 시험 기간에 부족했던 운동이라도 하는 게 어떨까?

여러분도 경험을 통해 뼈저리게 느꼈겠지만 시험은 스트레스 그 자체라고 해도 과언이 아니다. 시험이 끝난 뒤 아드레날린 분비가 급격하게 줄어들면서 육체와 정신은 갑자기 김이 푹 빠진 듯한 상태에 접어든다. 따라서 어느 정도의 '회복 기간'이 필요하다. 시험이 끝나고 갑자기 졸음이 밀려와서 하루 종일 잔다고 해서 육체적으로 이상이 생긴 것은 아니므로 걱정하지 말자. 단지 몸이 회복 기간을 갖는 것뿐이다.

마지막으로 여러분에게 시험이란 무엇인지 여기서 정리하고자 한다. 물론 시험에는 학점이나 자존심 등 많은 것이 걸려 있다. 그렇지만 시험 점수는 어디까지나 시험 점수다. 시험을 잘 보거나 못 보는 것이 여러분의 가치와 자존감을 좌우해서는 안 된다. 명심하자! 여러분의 가치는 여러분 자신이 만들어가는 것이지 점수가 만들어가는 것이 아니다. 최선을 다하고 많은 것을 배웠다면 그것만으로 값지다.

사진 출처 | picjumbo.com(26, 32, 38쪽) / thomasleuthard.com(81쪽) / unsplash.com(158, 173쪽) / 그외 iStockphoto.com